Gilda Sportiello

Potevi pensarci prima

e altri giudizi non richiesti sui nostri corpi

Rizzoli

Pubblicato per

Rizzoli

da Mondadori Libri S.p.A.

ISBN 978-88-17-19186-9

Prima edizione: gennaio 2025

Realizzazione editoriale: The Bookmakers studio editoriale, Roma

Potevi pensarci prima

Se gli uomini potessero restare incinti,
l'aborto diventerebbe un sacramento.
Florynce "Flo" Kennedy

Nota dell'autrice

Ho deciso di scrivere questo libro perché credo ci sia la necessità di parlare di aborto, oggi più che mai.

Nelle ore in cui va in stampa, il ministero della Salute, con un ritardo senza precedenti, ha finalmente pubblicato la relazione annuale sullo stato di attuazione della 194, una legge la cui esistenza crediamo sia garanzia di un diritto acquisito. Lo si pensa almeno fino a quando non ci si scontra con la realtà, con la mancanza o con la sottrazione di diritti; non si conosce o non si riesce a comprendere cosa accade quotidianamente tra le mura di ospedali, studi di ginecologia, e alcuni consultori.

La realtà è fatta di percorsi a ostacoli, di tante negazioni, di corse contro il tempo: la strada da percorrere è lunga e, in questo momento storico, sembra essersi innalzata davanti a noi una montagna, minacciosa e cupa, che rende ancora più difficile la già faticosa battaglia per l'avanzamento dei diritti. Con lo stesso spirito con cui nell'aula della Camera dei deputati ho deciso di condividere la mia scelta di abortire, ho voluto parlare dei giorni in cui ho interrotto la gravidanza e di quelli in cui, molti anni dopo, ho preso parola in Parlamento per raccontarlo. Condivido, come atto politico, la realtà con cui mi sono scontrata e cosa mi è successo quando ho deciso di abortire, perché il mio aborto è sì una storia individuale, ma anche una vicenda collettiva, poiché simbolo di una storia che si ripete, in maniera diversa, per mille altre donne e persone con utero che compiono questa scelta o che l'hanno già compiuta. Simbolo delle nostre difficoltà, degli ostacoli che incontriamo, dei giudizi, delle politiche oppressive, discriminanti, dello stigma ancora da combattere. Prendo parola, ancora una volta, nella convinzione che condividere possa essere un potente mezzo per rompere un tabù che resiste feroce intorno all'aborto, per rivendicare un nostro spazio e riprenderci le nostre narrazioni, per uscire dal silenzio in cui ci vorrebbero relegare e per rifiutare la vergogna in nome della quale vorrebbero che ci emarginassimo da sole, a scontare un'infinita pena.

Infine una notazione non stilistica, ma sostanziale: nella questione ancora aperta di un linguaggio più inclusivo, ho indicato con il maschile sovraesteso tutto quanto fa riferimento a mondi che risentono o sono espressione di una cultura misogina e patriarcale; per il resto ho invece utilizzato, per ragioni riconducibili a una maggiore fluidità della lettura, il femminile, riferendomi, in fatto di aborto, non solo alle donne, ma anche alle persone con utero.

1.
Scetata

Quel giorno, a poco più di vent'anni, mi sono *scetata.*

A Napoli si dice «scetata» per dire che ti sei svegliata. Poi, se invece «sei scetata», vuol dire che sei una tipa sveglia, che sa stare al mondo. Qualche linguista azzarda che la parola derivi dall'"uscire dalla quiete". Oddio, non è che avessi vissuto nella quiete fino ad allora. E non è che non fossi ben sveglia e capace di stare al mondo.

Ho appena finito di guardare in tv uno dei tanti film che programmano nel pomeriggio, devo prepararmi per andare al lavoro nel locale sul lungomare di Napoli dove faccio la cameriera e dove ogni giorno metto e tolgo dal dehors pesanti tavoli di legno.

Nella placida comodità del divano, ho il solo pensiero, con cui faccio continuamente i conti, che devo per forza andare a servire ai tavoli di un ristorante affollato, anche se in fondo, per il momento, va bene pure così e non posso lamentarmi nemmeno troppo. Da qualche giorno aspetto le mestruazioni.

Un po' sbadigliando, abbandono il divano che mi ha tenuto compagnia per andare a fare pipì, per la prima volta, su un aggeggino di plastica, perché, nonostante i sintomi e i dolori, il ciclo ancora non c'è. Mai ho provato quello che alcune donne dichiarano di aver vissuto: "Lo sapevo, fin dal primo momento". Nemmeno per un attimo. Un test fatto un po' per curiosità, un po' per timore, un po' perché così poi speravo di sentirmi più tranquilla. E invece mi arriva un pacchero in faccia mai sentito prima; uno schiaffone violento, di quelli che gli attori dei film danno a una persona svenuta per risvegliarla, un pacchero che ti *sceta* e che, senza alcun preavviso, ti pone di fronte a un bivio: da una parte c'è una strada senza ritorno, che avrebbe sconvolto la mia vita. Dall'altra un percorso che mi avrebbe riportata al punto in cui stavo e in cui volevo essere. Non ho mai avuto dubbi su quale strada volessi imboccare.

Questo è quello che ho provato: io, un figlio, in quel momento, non lo volevo. So che chi legge si aspetta che scriva perché non lo volessi. È una domanda che frequentemente si pone. E subito si innesca il meccanismo per il quale ti senti quasi obbligata a dare giustificazioni, come se fossi colpevole. Domande che, al contrario, mai nessuno ti rivolge quando decidi di proseguire una gravidanza. «Perché lo vuoi?» Mai nessuno che chieda: «Ma sei sicura di essere pronta a diventare madre?», mai nessuno che ti dica: «Vedi che da qui in poi non si torna indietro, il tuo corpo cambierà, la tua vita, le tue amicizie, il tuo lavoro, il tuo futuro». No, si cerca sempre di capire le motivazioni per cui una donna non vuole un figlio. Io non spiegherò, non motiverò, non dirò nulla di nulla. Semplicemente non volevo. Così ho scelto, senza esitazioni, di prendere la strada che mi avrebbe riportata al mio punto di partenza. Ho deciso subito che avrei abortito. Ho scoperto però, sulla mia pelle, che lungo quella strada non sarei stata accolta, ma giudicata, perché era in realtà un campo minato, un susseguirsi di minacciosi cartelli: "Torna indietro!", "Non sai cosa stai facendo", "Stai uccidendo un bambino", "Perché sei qui?".

Avete presente quella frazione di tempo in cui ti risvegli al mattino e per un attimo non sai dove sei, quello che stai vivendo, che sia un periodo entusiasmante o un momento tragico? Quel momento in cui il tuo cervello sembra non essersi ancora attivato completamente? Dura quanto un battito di ciglia, solo un po' più vigoroso.

Ecco, la mattina successiva al pomeriggio in cui ho scoperto di essere incinta, aprendo gli occhi, per qualche secondo ho vagheggiato su come sarebbe andata se avessi deciso di aspettare che quel test di gravidanza positivo diventasse un figlio. Non è stata un'esitazione, ma l'unico istante in cui mi sono proiettata in una possibile maternità. E, forse anche a voce alta, ho detto: «No, no, no».

Il mio cervello si è subito messo in moto, ero cosciente, *scetata* appunto.

Lo so che nella spasmodica, bulimica ricerca di un motivo per cui le donne scelgono di abortire, una delle prime necessità di chi ancora non ha compreso che la scelta è nostra è capire che relazione ci sia con chi ha contribuito allo stato delle cose: Eravate felici? È stato il rapporto di una sera? Avevate problemi economici? Ne avete parlato? Ti ha lasciata da sola? Lui come ha reagito?

Vi basti quanto segue: questo è il libro scritto da una donna che non vuole dare alcuna spiegazione perché non DEVE dare alcuna spiegazione rispetto a una scelta che ha fatto sul suo corpo. Una donna che non ha voluto farlo allora e che non deve farlo oggi: nessuna deve.

Dopo il test positivo, ho fatto immediatamente le analisi del sangue, con la flebile, ma salvifica speranza che ribaltassero il verdetto. Non solo hanno confermato che ero incinta, ma hanno peggiorato la situazione: i parametri indicavano che ero già a uno stadio avanzato rispetto ai giorni che avevo a disposizione per interrompere la gravidanza; evidentemente non ne avevo riconosciuto sin da subito i sintomi, perché nessuno ti prepara veramente a identificare i primi debolissimi segnali, nessuno ti dice che, in fondo, potresti non distinguerli dai dolori di un ciclo mestruale. Nella clessidra che mi ricordava quanto tempo avessi ancora per abortire, l'ampolla inferiore aveva decisamente più sabbia di quella superiore. Dovevo fare presto, dovevo fare subito.

All'epoca non avevo una ginecologa di fiducia, qualcuna che potesse anche guidarmi, nella mancanza totale di informazioni a mia disposizione, così, grazie al contatto di un'amica, sono andata nello studio di una dottoressa, nella mia città, per capire come interrompere la gravidanza. Me l'aveva consigliata per la cura con cui l'aveva accompagnata in un percorso che era stato per lei doloroso, ma diverso da quello che avrei dovuto intraprendere io.

Ero determinata a camminare sulla mia strada. Nel suo studio, però, ecco i primi cartelli: "Che stai facendo? Torna indietro!" Decine e decine di foto appese alle pareti della sala d'attesa: immagini di tutti i bambini e le bambine che la dottoressa aveva aiutato a nascere. Esserini minuscoli, alcuni pelati, alcuni spelacchiati, alcuni già pieni di capelli, alcuni grinzosi e provati, con la pelle violetta e umida, altri belli lindi e rilassati.

Sembrerà paradossale, ma solo al cimitero avevo visto una distesa così fitta, quasi ossessiva, di fotografie di esseri umani.

Nemmeno il tempo di chiedermi se fossi nel posto giusto che la segretaria chiama il mio nome.

«Sportiello Gilda? Prego.»

Lancio un'ultima occhiata a quelle creature appese alla parete ed entro nello studio.

«Buongiorno, mi dica tutto» mi accoglie affettuosamente la dottoressa.

«Sono qui perché vorrei interrompere una gravidanza, ma non so nemmeno da dove cominciare.»

Se le avessi detto: "Signora, questa è una rapina" avrebbe cambiato espressione con meno rapidità.

«Chi l'ha mandata?» replica, dura come l'acciaio. Una sorpresa e una durezza che non mi aspettavo.

Farfuglio una risposta, un po' sbigottita, come quando ti fermano a un posto di blocco in macchina per un controllo mentre sei sulla via di casa e, dopo aver verificato patente e libretto, ti chiedono: «Dove sta andando?». In quel momento anche la risposta più banale "sto andando a casa" ti sembra possa celare un terribile segreto. E se hai dimenticato i documenti? Se ti avessero scambiata per un'altra persona? Insomma entri in una surreale spirale di pensieri catastrofici, quando invece non hai nulla da nascondere perché stai facendo la cosa più normale del mondo.

Come quando, in Italia, decidi di andare da una ginecologa se hai scelto di interrompere una gravidanza.

Non faccio nemmeno in tempo a finire la frase "un'amica mi ha consigliato di rivolgermi..." che vengo interrotta: «Sono dei porci. Quelli che fanno queste cose sono dei porci. Lo so che dicono che tanto c'è qualcuno che lo fa e quindi tanto vale che lo facciano loro. Questo però non cancella il fatto che sono porci. Lo sa io chi sono? Lo sa perché faccio questo mestiere? Le ha viste tutte quelle foto lì fuori?»

"E come facevo a non vederle?" vorrei risponderle. Invece rimango in silenzio pensando che sto buttando via tempo preziosissimo. La sabbia nella clessidra continua a scendere e io non posso permettermi di perdere neanche un giorno.

«Comunque, questo è l'indirizzo di un consultorio. Arrivederci» mi liquida la dottoressa.

Nella sala del consultorio ho sentito arrivare la persona che mi avrebbe accolta da un tintinnio di pesanti bracciali. A piccoli passi è comparso uno scricciolo di donna, col camice ben stirato, dei vistosi orecchini di perla, che emanava una scia nauseante di odore di lacca per capelli. Mi è venuta incontro garbatamente; non direi che mi abbia stretto la mano, ha abbozzato qualcosa che voleva somigliare a una carezza. La sua ostentata dolcezza, composta e borghese, non mi ha fatto sentire, nemmeno per un momento, a mio agio. La mandibola in tensione, la nausea sempre più forte, gli occhi alle lancette dell'orologio e al tempo che scorreva sempre più veloce. Non riuscivo a capire se fossi finalmente nel posto giusto, se l'incontro con la ginecologa del giorno prima fosse stato solo un incidente di percorso.

La signora ha svelato tra le labbra vistosamente vermiglie un sorriso di denti bianchissimi, in contrasto con la pelle che, seppur ben idratata, tradiva le troppe abbronzature della vita. Io mi aspettavo che si presentasse, lei invece, senza qualificarsi in alcun modo, mi ha portato in una stanza piccola e buia.

Ci siamo sedute e ha iniziato il suo monologo.

«Perché lo fai? Sei sicura? Ci sono problemi economici? Sono certa che i vostri genitori vi daranno una mano. Vedrai come saranno felici di diventare nonni.

Non stai bene insieme al tuo fidanzato? Ce l'hai un fidanzato? Guarda che tornerai più bella di prima. Hai paura che non avrai più rapporti? Hai paura di non piacere più agli uomini? Ti svelo un segreto: quando sei incinta scopri una sessualità che neanche immagini, sarà bellissimo avere rapporti, fidati, te lo dico per esperienza. Non c'è nulla di più bello al mondo che stringere la tua creatura fra le braccia. Hai paura del parto? Oggigiorno non c'è niente da temere. E se poi te ne penti? Non vuole lui? Guarda che lo puoi dire a me. Perché, perché? Te lo leggo negli occhi, sarai una mamma bravissima e bellissima. Pensi di non essere capace? Guarda che è naturale. È la cosa più naturale del mondo, è il desiderio più grande di ogni donna.»

Non so neanche cosa ho risposto a quella raffica di domande. Mi chiedevo solo chi fosse quella donna e perché stessi parlando con lei. Poteva essere l'addetta alle pulizie, all'accoglienza, l'infermiera. Chiunque. Mai ho pensato, nonostante l'aspetto professionale e il camice, che fosse la persona con la quale dovevo parlare. Sono rimasta in silenzio con addosso l'ansia del tempo che passava inesorabile e la soggezione di chi sente che il suo destino è nelle mani di qualcun altro.

Poi, con un filo di voce e le lacrime che soffocavo

in gola, ho replicato: «Grazie, ma vorrei interrompere la gravidanza».

Non so per cosa l'ho ringraziata, forse semplicemente perché infine mi stava lasciando andare.

Delusa per la mia replica, lei ha sospirato affranta: «Qui accanto c'è la psicologa, deve passare da lei».

Psicologa? Deve? Andare dalla psicologa mi veniva prospettato come un obbligo. Il senso era: "Tesoro, cerca di rimediare a questi tuoi pensieri malsani, magari ci pensa la psicologa a farti ragionare".

Sul momento però la mia unica preoccupazione era il fatto che avevo perso altro tempo ad ascoltare la filippica in apparenza gentile, ma estremamente violenta, invadente e molesta, di quella donna. Così mi sono fatta coraggio e, sperando che la seduta con la psicologa fosse l'ultima tappa di quel percorso a ostacoli, sono andata nella stanza accanto.

Dietro la scrivania sedeva con le mani sottili sottili, giunte come in preghiera, una donna magra, con inappuntabili boccoli, biondissimi e corti. Mi ha fatto accomodare con modi cortesi e premurosi su un divanetto più informale, si è alzata e si è avvicinata a me. Lei e la signora dell'accoglienza (non saprei come definirla in modo diverso) sembravano uscite dallo stesso collegio di educande di qualche secolo fa: cordiali, affettuose e con un sorriso che nulla aveva di autentico o di spontaneo, piuttosto un sorriso ragionato, impostato, manipolatorio.

La psicologa mi ha guardato dritta negli occhi, ha inarcato le sopracciglia e ha pronunciato quella che iniziavo a capire fosse la domanda standard: «Perché lo fai?»

Ho pianto, ho pianto tanto, come le bambine che piangono talmente forte che neanche riescono a riprendere fiato.

Probabilmente la psicologa credeva che le mie lacrime fossero dovute al senso di colpa e che quindi fosse arrivato il momento di abbattere le mie ultime difese per giungere all'agognato traguardo: convincere una donna che voleva abortire a non farlo.

Non ha pensato, nemmeno per un secondo, che stessi piangendo perché volevo solo aiuto, volevo soltanto che la mia scelta fosse rispettata, volevo quello che mi spettava di diritto, e invece non solo nessuno mi stava aiutando, ma tutti quelli che incontravo cercavano di convincermi che la mia fosse una scelta sbagliata. Mi sentivo nelle sabbie mobili: più provavo a muovermi per uscirne, più sprofondavo.

Le argomentazioni erano più o meno quelle dell'incontro precedente: "Avete difficoltà economiche? Guarda che sarà la cosa più bella del mondo…"

Io singhiozzavo e scrollavo la testa, mi mancava il

respiro, stavo per vomitare. E mi faceva vomitare l'idea che dovevo vomitare. E le nausee. E di nuovo il vomito. E il pensiero che il mio corpo stava cambiando e non perché stesse assumendo forme che non mi piacevano, ma perché il suo mutare testimoniava che quel test di gravidanza positivo era reale, che il tempo passava, che il tempo scorreva.

Appena la psicologa ha intuito la mia incrollabile decisione, ha sferrato l'attacco finale, come in un videogioco, quando ormai sei perduta e ti giochi tutte le armi che hai: «Sai quante coppie soffrono perché non hanno la fortuna che hai avuto tu? Ti è stato fatto un dono e lo getti via così. Hai pensato all'adozione? Faresti felice una famiglia. Sarebbe un atto di generosità meraviglioso».

«Dottoressa, io sono qui perché vorrei interrompere la mia gravidanza.»

«Ma davvero vuoi ammazzare una creatura?» ha replicato, senza più quel sorriso cortese stampato in viso ma con gli occhi di chi ha di fronte un'efferata assassina.

«Io voglio abortire, dottoressa.»

È passata dal darmi del tu a darmi del lei, come precedentemente aveva fatto anche l'altra mia interlocutrice.

«Allora, se proprio ha deciso di commettere questo abominio, c'è una lista degli ospedali di Napoli ai quali può rivolgersi. Le lascio comunque questo opuscolo sulle adozioni. E rifletta sulle mie parole. Arrivederci.»

Il mio corpo si stava riempiendo, ma io non mi ero mai sentita così vuota e perduta.

Mentre entravo nell'ospedale che avevo scelto, il più vicino a quella che in quel periodo consideravo casa, speravo di parlare finalmente con un medico e di riprendere in mano la mia vita. Nell'ennesima sala d'attesa c'erano altre donne, tutte lì per il medesimo motivo. Senza volerlo, all'interno di uno degli ambulatori ho scorto con la coda dell'occhio un volto familiare: era la sorella di una mia amica che stava aspettando un dottore. Inizialmente ho pensato di salutarla, ma poi ho desistito: chissà, magari non voleva condividere quel momento con me, mentre era in attesa dell'intervento, già pronta per entrare in sala operatoria. Ho evitato, dunque, ma questa cosa mi ha fatto riflettere sulla totale mancanza di attenzione e cura, anche di riservatezza, che ci veniva destinata.

Mi è capitato in sorte un medico gentile, di poche parole, che parlava a voce molto bassa. Certo, non ha lesinato nemmeno lui il solito ritornello del "perché lo fai?". Nei suoi occhi e nella sua voce non ho percepito però un intento giudicante e il proposito di volermi fermare. Forse per questa ragione non ho provato disagio. E forse anche perché per la prima volta ho avuto la sensazione di essere nel posto giusto. Quando gli ho riferito che avevo già adempiuto all'obbligo della visita psicologica, mi ha guardato con tenerezza e mi ha spiegato che non era affatto un obbligo. Mi ha detto di sdraiarmi sul lettino, mi ha spalmato sul ventre il freddo gel per fare l'ecografia.

Mentre mi visitava, all'improvviso, senza nemmeno chiedermelo, ha alzato il volume per farmi ascoltare il battito del cuore del feto. Non mi ha fatto alcun effetto lì per lì, non mi ha provocato nessuna particolare emozione se non un profondo stupore, come se il tempo si stesse fermando. Perché? Perché stavo ascoltando il battito? Perché aveva fatto questa cosa? Non ho percepito immediatamente la violenza di quel gesto, né ho chiesto spiegazioni, forse perché sapevo che la mano che aveva alzato il volume di quel monitor sarebbe stata la mano che avrebbe messo fine a quello che per me era un momento di grande sofferenza. Il dolore per tutta quella violenza inflitta gratuitamente sarebbe arrivato dopo.

Terminata la visita, speravo che mi desse il tanto agognato appuntamento. No. La legge prevede la settimana di riflessione. Dovevo attendere una lunghissima, infinita settimana prima di tornare per fare le visite propedeutiche all'operazione. Lo prevede la legge 194, che disciplina l'aborto in Italia.

"Rispettiamo la legge, che devo fare. Aspetterò una settimana."

La legge 194 però non dice da nessuna parte né che dovevo parlare con una psicologa né che dovevo ascoltare il battito del feto.

Questo, all'epoca, non lo sapevo.

168 ore, 10.080 minuti, 604.800 secondi.

"Conta fino a 604.800, Gilda, e sarà l'inizio della fine di tutto questo." Ecco cosa mi sono detta, uscendo dall'ospedale. Non ho contato fino a 604.800, ma ogni ora che passava, ogni sera che arrivava era un piccolo, minuscolo sollievo.

Quella settimana ho continuato a lavorare, nonostante non mangiassi, a stento bevessi, e vomitassi senza sosta e ovunque.

Vivevo come una prigioniera che sa che nel giro di una settimana sarà fuori dal carcere, ma teme, a ogni ora del giorno, che qualcosa possa compromettere la sua liberazione e che resterà in galera per sempre. E oltre a sentire questa costante paura, soffrivo fisicamente, soffrivo tanto. Stavo malissimo. Razionalmente, non c'era nulla, o quasi, che sarebbe potuto accadere che potesse impedirmi di abortire, ma quella era una sensazione che non riuscivo a scacciare.

D'altra parte, siccome il medico aveva rilevato un leggero distacco della placenta, speravo che la natura facesse il suo corso senza dover aspettare 604.800 secondi, 10.080 minuti, 168 ore, 7 giorni. Magari si sarebbe rivelata più clemente di tutte le persone incontrate fino a quel momento.

In quei sette giorni non ho riflettuto mai su quello che mi era stato fatto, sulle parole che avevo dovuto ascoltare, sui giudizi che mi erano piombati addosso. Ero diventata una sorta di robot programmato per un unico compito: resistere e arrivare al giorno zero.

Un robot vomitante, nauseato e scassato.

La mia settimana di riflessione, che sembrava non dovesse finire mai, grazie al cielo, è finita.

Sono tornata dal medico dicendo: «Ho riflettuto. Voglio interrompere la gravidanza. Esattamente come avrei voluto fare sette giorni fa».

Il dottore mi ha prescritto le analisi propedeutiche anche all'anestesia e ha fissato la data dell'operazione.

"Oddio, e se quel giorno succede qualcosa? Se sto male e non sono operabile? Se sta male il medico? Se le cavallette invadono l'ospedale?"

In effetti stavo male, ma non avevo nulla che potesse compromettere l'intervento, il medico era bello in salute, le cavallette vagavano lontane per le campagne e io ero pronta.

Sveglia presto, la colazione non so più neanche cosa sia. Mi vesto, nemmeno mi guardo allo specchio, una borsa con qualche cambio, la cartellina con tutti i referti, documenti, assorbenti, il cellulare – "Oddio, dove ho lasciato il cellulare? Ah, eccolo!" – una giacca, casco in testa, motorino, e via all'ospedale. Senza pensare più a nulla, senza rimorsi, senza una minima esitazione, spedita, veloce, salgo gli scalini, entro, rapida occhiata ai cartelli che mi indicano il reparto, trovo subito il percorso senza neanche chiedere, ascensore, luce del piano, le porte si aprono, arrivo dal medico, «Buongiorno», «Tutto bene?», «Sì, tutto bene». Un'ultima domanda, ancora un'ultima domanda: «Da qui non si torna indietro, sei ancora sicura?».

"Sì, lo sono, ma quante volte ancora dovrò dirvelo?", l'ho solo pensato, in realtà mi sono limitata ad annuire.

Mi sdraio, anestesia totale, dormo.

Al risveglio mi sentivo acciaccata, mal di pancia, ho chiesto se fosse andato tutto bene e sì, era andato tutto bene. Ho passato qualche ora nella stanza dell'ospedale, frastornata da tutto quello che era accaduto fino a quel momento e pure dall'anestesia. I pensieri si accavallavano, né pesanti né leggeri, si aggiravano dentro di me senza che io riuscissi ad afferrarli. Sono rimasta in questo stato di sonno e confusione fino a sera, quando sono tornata a casa e mi sono addormentata di nuovo.

L'alba del giorno dopo è stata davvero l'alba dei poeti, l'aurora dalle rosee dita, il sole che sorge e riscalda il corpo dopo una notte di freddo, la luce che timidamente invade il buio e poi con gagliarda prepotenza illumina la terra. Ero leggera, il malessere fisico dovuto all'operazione non era nulla in confronto allo stato micidiale in cui versavo nelle ultime settimane, il mio corpo era sgonfio, finalmente di nuovo mio, come la vita che avevo scelto: ero libera e lieve.

Ancora oggi, dopo più di dieci anni, posso affermare con certezza che il giorno dopo il mio aborto è stato uno dei più belli della mia vita.

Tutto sorrideva, Napoli era più splendente che mai, tutto sembrava aver ripreso colore, il cibo aveva di nuovo sapore.

Solamente nei giorni successivi mi sono resa conto della violenza che avevo subito.

I troppi "perché lo fai", "l'abominio", "i porci", "sarai una mamma bravissima", "puoi fare felici delle persone che non hanno figli", "stai uccidendo una vita", "perché lo fai, sarà bellissimo avere un figlio", "vai dalla psicologa perché vuol dire che hai qualcosa che non va", "ascolta il battito di tuo figlio che stai uccidendo", "rifletti ancora una settimana", "perché lo fai", "potevi pensarci prima".

In quei giorni, dal momento del test di gravidanza fino all'aborto, non ho incontrato nemmeno una persona che mi aiutasse, assecondando semplicemente la mia volontà di donna libera che ha diritto di scegliere sul suo corpo senza che qualcuno o qualcuna si azzardi a giudicarla. Nessuno. Nessuna. Anche il medico apparentemente meno giudicante, che poi ha eseguito l'operazione, un medico marchiato all'esterno del suo studio dalle parole violente degli antiabortisti, anche lui mi ha fatto ascoltare il battito.

Una violenza continua, perpetrata con tono gentile e intenzioni invadenti, offensive, manipolatorie, dunque una violenza ancora più subdola e meschina.

Tutta questa violenza, che mai mi ha instillato un dubbio, mi ha lasciato addosso solo una rabbia furiosa, un dolore che sentivo il bisogno di canalizzare in qualche modo, perché non accettavo di vivere in un Paese che nel ventunesimo secolo trattava le persone in questo modo. Non potevo convivere con l'idea che ogni giorno una ragazza, una donna, una persona con utero, vivesse quello che avevo vissuto io, se non peggio.

Così, una volta diventata deputata della Repubblica, quella strada per urlare la mia rabbia e quella di troppe altre persone si è spianata di fronte a me, la strada per combattere i giudizi e le violenze quotidiane di una società e di una politica patriarcali e misogine.

2.
Obiezione

«Quelli che fanno queste cose sono dei porci!»

Porci: così la prima ginecologa da cui sono andata quando ho scoperto di essere incinta aveva definito i colleghi e le colleghe che praticavano l'aborto. Le sue parole mi avevano lasciata stordita, frastornata, confusa. A chi avrei dovuto rivolgermi in quel momento se non a una ginecologa? E perché un medico o una medica che svolge uno degli interventi che gli o le compete meritava un simile insulto?

Se addirittura una dottoressa che evidentemente crede nella scienza, che ha studiato per tanti anni, che non pensa che la donna sia stata creata dalla costola di Adamo, che dovrebbe saper distinguere un feto da un bambino, aveva rifiutato per questioni morali di assistermi, che cosa significava?

Non avevo una risposta a quelle domande. Il fatto

che mi fossi imbattuta in un'obiettrice di coscienza, però, non era un caso insolito, un incidente, ma quello che, stando al calcolo delle probabilità, concretamente rischia una persona che vuole abortire e si rivolge a un ginecologo o a una ginecologa: in Italia, infatti, ci sono più medici obiettori e mediche obiettrici che non.

I giudizi lapidari di quella donna, in ogni caso, non avevano interferito con la mia decisione. Il mio zaino era sempre più pesante, zavorrato da quintali di pregiudizi, obiezioni, convinzioni ideologiche, ma nulla mi avrebbe fermata, il mio passo sarebbe rimasto spedito verso l'obiettivo.

Quando vai da un medico, da una medica, ti aspetti di trovarti davanti una figura autorevole, che ti ascolti e ti guarisca se ne hai bisogno. Qualcuno che ti ispiri fiducia, qualcuno che possa prendersi cura di te. La sensazione che ho provato io in quel momento davanti a un'obiettrice di coscienza è stata invece quella di essere rifiutata, giudicata con disprezzo, come uno scarto, una degenerazione. Mentre quella donna mi guardava negli occhi percepivo chiaramente che stava pensando: "Se tutti facessero come me, questo figlio te lo terresti eccome". Era evidente che provasse disgusto nei miei confronti, che considerasse la mia presenza nel suo studio un errore da emendare al più presto possibile.

Io non ero alla ricerca di una carezza, di un incoraggiamento, di un abbraccio. Io, come molte altre persone, volevo essere semplicemente guidata dalla professionista competente nel percorso che avevo deciso di intraprendere. Un percorso che avevo tutto il diritto di scegliere e che invece mi veniva sbarrato, con crudeltà.

Solo più tardi ho capito che, nonostante tutto, sono stata fortunata, perché vivevo in una città abbastanza grande e avevo a disposizione più di un ospedale a cui rivolgermi. Poteva andarmi meglio, certo, ma, considerando altre realtà, ho avuto comunque il "privilegio" di poter comporre più di un numero di telefono, di potermi spostare in metropolitana da uno studio all'altro senza dover raggiungere un'altra provincia, senza dovermi assentare dal lavoro per più di qualche giorno. Vivere un diritto come un privilegio è quanto di più temibile ci possa essere per un Paese che voglia dirsi autenticamente democratico.

Non si riesce a comprendere fino in fondo la dimensione del problema dell'obiezione di coscienza in Italia se non ricorrendo ai dati.

Eppure, proprio i dati sono il primo ostacolo che si incontra, non appena ci si approccia alla ricerca di informazioni sulle interruzioni volontarie di gravidanza e sui servizi realmente garantiti.

All'articolo 16, la legge 194[1] dispone in maniera chiara e senza alcun margine di interpretazione che entro il mese di febbraio, a partire dall'anno successivo a quello dell'entrata in vigore, ovvero il 1978, il ministro della Sanità deve presentare al Parlamento una relazione sulla sua attuazione e sui suoi effetti.

La relazione in questione però viene sistematicamente presentata con ritardo. Talvolta ci sono ragioni oggettive legate al fatto di dover elaborare e analizzare i dati inviati dalle regioni, magari neppure tempestivamente e nei termini previsti dalla legge. Di solito si tratta di un ritardo di pochi mesi.

Mentre scrivevo questo capitolo, nell'ottobre del 2024, l'ultima relazione a nostra disposizione risaliva al 2023 e riportava la fotografia del 2021:[2] mai, dall'approvazione della 194 nel 1978, si era verificato un ritardo simile. Con Federica di Martino di IVGstobenissimo, abbiamo preparato un'interrogazione parlamentare[3] che ho presentato al ministero della Salute per conoscere i termini entro cui verranno presentati i dati relativi al 2022 e al 2023. Nella replica, il sottosegretario Marcello Gemmato, in rappresentanza del

[1] https://www.gazzettaufficiale.it/eli/id/1978/05/22/078U0194/sg

[2] https://www.salute.gov.it/portale/donna/dettaglioPubblicazioniDonna.jsp?lingua=italiano&id=3367

[3] https://aic.camera.it/aic/scheda.html?numero=2/00470&ramo=CAMERA&leg=19

governo, ha completamente eluso la risposta riguardo ai dati del 2022, proprio quelli oggetto dell'estremo ritardo ingiustificato. Ingiustificato perché i dati del 2022 sono stati inseriti in un report dell'ISTAT ad agosto 2024,[4] a testimonianza del fatto che i dati non mancano. Allora cosa blocca la pubblicazione della relazione sull'attuazione della 194 relativa ai dati del 2022? Cosa nasconde questa volontà politica? Perché un chiaro diritto tutelato dalla legge deve essere ostaggio di una maggioranza politica?

La difficoltà di avere statistiche disponibili non è l'unico limite che riguarda i dati che abbiamo: il problema è che sono aggregati solo per regione, dunque non è possibile sapere per ogni struttura quanti ginecologi, quante ginecologhe ci sono, quanti e quante effettuano l'IVG e quale sia il tasso di obiezione di coscienza che si registra in ogni città. Neppure attraverso una mappatura. A sopperire a questa carenza attualmente sono associazioni e movimenti di mutuo aiuto dal basso che rendono accessibili i numeri raccolti con un lavoro minuzioso, sempre puntuale, costantemente aggiornato. Lo fa, ad esempio, Obiezione Respinta[5] che mappa i luoghi

[4] https://www.istat.it/produzione-editoriale/linterruzione-volontaria-di-gravidanza-in-unottica-generazionale/

[5] https://map.obiezionerespinta.info/it/map/mappa-degli-obiettori_2#5/41.919/16.436

dove si esercita l'obiezione di coscienza, includendo tra essi anche le farmacie che si rifiutano (illegalmente) di garantire i contraccettivi d'emergenza, quali la pillola del giorno dopo o quella dei cinque giorni dopo. Altrettanto prezioso è il lavoro portato avanti da Chiara Lalli e Sonia Montegiove, con l'Associazione Luca Coscioni che, tramite una richiesta di accesso civico generalizzato, hanno ottenuto le informazioni riguardanti singole ASL e presidi ospedalieri, poi pubblicate nel report *Mai dati*.[6]

Dunque, partiamo dai dati che abbiamo. Dall'ultima relazione del ministero della Salute si evince che nel 2021 il 63,4 per cento dei ginecologi erano obiettori di coscienza, mentre erano obiettori il 40,5 per cento degli anestesisti e il 32,8 per cento del personale non medico. E già, perché questa facoltà viene riconosciuta anche agli anestesisti e al personale sanitario. Quindi magari sei riuscita a trovare un ginecologo o una ginecologa non obiettore né obiettrice, ma poi manca l'anestesista.

Facciamo qualche esempio concreto per cercare di avere maggiore contezza dell'entità del problema. Nelle Marche il 71 per cento dei medici e delle mediche pratica l'obiezione di coscienza; in particolare se qualcuno a Jesi, come invece scopriamo in *Mai dati*, volesse

[6] https://www.associazionelucacoscioni.it/cosa-facciamo/aborto-e-contraccezione/legge-194-mai-dati

sottoporsi a un'IVG (dati aggiornati al 2023) dovrebbe necessariamente spostarsi, perché undici medici su undici sono obiettori. In Campania, secondo l'ultima relazione ministeriale, la percentuale è del 79,6 per cento, in Puglia dell'80,6 per cento, in Basilicata del 78,6 per cento. In Sicilia va anche peggio: l'85 per cento dei ginecologi si dichiara obiettore di coscienza, come riporta la relazione del ministero, e la Regione nemmeno ha risposto alla richiesta inviata da Chiara Lalli e Sonia Montegiove relativa ai dati del 2023. Grazie a loro, sappiamo che in Molise, nel 2021, c'erano solo due medici non obiettori in tutta la regione in un'unica struttura. Perdipiù, uno dei due doveva andare in pensione, ma è stato costretto a rinviare per la difficoltà di trovare un sostituto. Ancora oggi c'è un solo ospedale in tutta la regione in cui è possibile effettuare l'interruzione volontaria di gravidanza.

Siamo evidentemente ancora molto lontane dalle raccomandazioni dell'Organizzazione mondiale della sanità, che nel 2022 ha diffuso le sue linee guida per l'interruzione volontaria di gravidanza,[7] allo scopo di prevenire i 25 milioni di aborti non sicuri che si registrano nel mondo ogni anno. Se leggendo l'espressione "aborti non sicuri" vi sono venuti in mente solo interventi praticati

[7] https://iris.who.int/handle/10665/349316

con stampelle, ferri da maglia, pezzi di ombrello, sappiate questo: «Secondo l'OMS, tra i principali ostacoli all'accesso ad un aborto sicuro e rispettoso si trovano i costi elevati, lo stigma per chi lo richiede e per il personale sanitario che lo pratica, il rifiuto degli operatori sanitari di effettuare la procedura sulla base della coscienza personale o del credo religioso, leggi e requisiti restrittivi che non sono giustificati dal punto di vista medico (tra cui la criminalizzazione dell'aborto, i periodi di attesa obbligatori, la fornitura di informazioni o consulenze di parte) e le restrizioni relative al tipo di operatori sanitari o di strutture che possono fornire servizi abortivi».[8] In sostanza, una breve sintesi di ciò a cui va incontro la quasi totalità delle persone che in Italia decide di voler mettere fine a una gravidanza indesiderata.

Immaginate di ricevere un rifiuto intollerabile, come quello di chi vi impedisce di accedere a un vostro diritto.

Immaginate di dover andare fuori regione, non una ma più volte.

Immaginate le tante donne e persone migranti che si trovano in questa condizione e non possono nemmeno contare sulla presenza di figure di mediazione culturale.

[8] https://back.medicidelmondo.it/uploads/2024/09/MDM_Report_DIGITAL_2024-1.pdf, p. 48.

Immaginate di non avere le risorse economiche per affrontare tutto questo lungo iter, che teoricamente è gratuito, ma richiede per esempio di doversi assentare molto spesso dal lavoro per sottoporsi a visite ed ecografie.

Immaginate di voler praticare un'IVG senza coinvolgere nessuno, solo che magari non avete la patente e quindi, per coprire tutti i chilometri che vi separano dalla vostra scelta, siete obbligate a condividere la vostra esperienza in cambio di un passaggio in automobile.

Immaginate di essere rimaste incinte ad agosto e di non trovare nessun ginecologo o ginecologa che non pratica obiezione di coscienza nella vostra città perché sono legittimamente in ferie.

Immaginate di entrare in un ospedale e di incontrare solo medici che vi dicono no.

Immaginate di averne trovato finalmente uno o una che può aiutarvi a porre fine a questo calvario, ma non ci sono anestesisti né anestesiste.

Ecco, sappiate che questa non è solo immaginazione. È la realtà che sperimenta la maggior parte delle donne e delle persone con utero che vivono in Italia, se vogliono semplicemente esercitare un diritto sul proprio corpo. Il loro, il nostro, non è un vezzo, non un capriccio: desideriamo solo poter decidere della nostra vita.

Per tutti i problemi che riguardano la scarsa attenzione alla salute e alla cura delle persone, dalle chilometriche liste d'attesa per una visita specialistica alla mancanza di posti letto, dai casi di malasanità all'assenza di strutture di prossimità, fino al sistematico e mai casuale definanziamento del pubblico a favore del privato, esistono montagne di dati, che, una volta diffusi, scatenano giustamente ondate di indignazione. Un'indignazione necessaria quando autentica, anche se poi, nei salotti televisivi e nei programmi in prima serata, si confina spesso lo scontro all'interno della dialettica tra maggioranza e opposizione, senza mai risolvere davvero nelle sedi deputate a farlo i problemi strutturali da cui è partito il dibattito.

Dibattito che però risulta completamente assente quando la stessa mancanza di attenzione alla salute riguarda il corpo di una persona che vuole interrompere una gravidanza. In quel caso tutto tace. Quando si parla di obiezione di coscienza, tutti tacciono. Un silenzio colpevole, in virtù del quale possiamo permetterci con la massima serenità i numeri sopraelencati senza che questo desti allarme o preoccupazione.

Figuriamoci un intervento per rivedere la norma.

L'aborto sembra non essere una "questione di salute". Eppure la Costituzione della Organizzazione mondiale della sanità definisce la salute quale «stato di completo benessere fisico, mentale e sociale, che non consiste solo nell'assenza di malattia o d'infermità».[9] E aggiunge anche che «il possesso del miglior stato di sanità possibile costituisce un diritto fondamentale di ogni essere umano, senza distinzione di razza, di religione, d'opinioni politiche, di condizione economica o sociale». Come si può pensare quindi che sia garantita la salute se si creano ostacoli, percorsi intrisi di stigma e giudizio, interminabili attese in tempi sempre più stretti, se si costringe a una convivenza forzata con una gravidanza che non si desidera né si vuole portare avanti, se veniamo sottoposte a pratiche violente come l'ascoltare il battito del feto, se contiamo una percentuale enorme di obiezione di coscienza che si scontra con il diritto alla salute?

Nell'immaginario collettivo la volontà di interrompere la gravidanza è dunque fuori dalla sfera della tutela della salute perché il pensiero recondito di molti è che si tratti di una concessione. "Potete abortire, mica volete anche il medico nel vostro comune? Volete la libertà di scegliere? E allora quella stessa libertà deve essere garantita anche agli obiettori." Diritti confusi

[9] https://apps.who.int/gb/bd/PDF/bd47/EN/constitution-en.pdf?ua=1

volutamente con gentili concessioni: un gioco che non può e non deve reggere più.

Chi la pensa così, però, non aggiunge che la nostra libertà è la libertà di decidere sul nostro corpo e sulla nostra vita, mentre quella del personale sanitario obiettore è la libertà di decidere sul corpo e sulla salute di un'altra persona.

Ancora oggi non mi capacito di come sia possibile che una persona che dedica la sua vita per missione, per mestiere, per passione, a tutto ciò che riguarda il corretto funzionamento del nostro apparato genitale possa pensare di decidere quali interventi praticare e quali no: abbiamo abortito da sempre, in ogni modo. C'è addirittura un bassorilievo che decora il tempio di Angkor Wat in Cambogia, risalente al 1150, che raffigura un aborto; ci sono le prescrizioni nell'antica Grecia che raccontano di decotti, erbe, clisteri, miscele e diuretici; ci sono testi in sanscrito[10] che rimandano la soluzione a cipolle e acqua bollente.

Perché quindi un medico dovrebbe anteporre non meglio precisate remore morali alla richiesta di una donna o di una persona con utero? Perché c'è questa elevata percentuale di ginecologi obiettori? È davvero sempre e solo una remora morale? Risulta difficile

[10] https://www.internazionale.it/opinione/rosy-santella/2016/09/21/aborto-foto-laia-abril

pensare che la questione di principio, nel 2024, arrivi a influenzare un così alto numero di operatori sanitari.

È possibile invece che, come molti affermano, spesso si diventi obiettori per tutelare la propria carriera? Diversi medici sostengono che praticare aborti non ti permette di crescere professionalmente, un po' per lo stigma che ti viene affibbiato ("porci" li aveva definiti la ginecologa di cui ho parlato all'inizio di questo capitolo), un po' per il sovraccarico di lavoro che deriva da un'operazione in sé chirurgicamente semplice, ma che non arricchisce di prestigio il curriculum.

Se così fosse, significa che queste carriere vanno avanti sulla nostra pelle: un fatto deplorevole in assoluto, ma ancor più indecente e insopportabile per chi, come me, lo ha vissuto sul proprio corpo.

Chiunque decida di occuparsi in qualsiasi maniera del nostro utero e della nostra salute riproduttiva e sessuale sa che esiste la possibilità che scegliamo di abortire. E allora perché si arrogano il diritto di interferire nelle nostre scelte di vita? Il problema dell'obiezione ovviamente si incontra solo quando parliamo dell'apparato riproduttivo femminile, perché non ho mai sentito nessun medico, nessuna medica rifiutarsi per coscienza di fare una vasectomia su quegli uomini che hanno deciso di non avere figli. Parliamo in ogni caso della potenzialità della vita, della sua possibilità.

Torniamo inesorabilmente alla questione centrale della nostra società: l'uomo può scegliere, senza essere giudicato, di non voler ricoprire il ruolo di padre. La donna no: nella società patriarcale siamo progettate solo e soltanto per assumere, prima o poi, il ruolo di madri. Altrimenti la condanna è la marginalizzazione, la svalutazione, l'invisibilità.

Ci sono state strutture sanitarie che hanno provato a rimediare a questa situazione. La risposta delle istituzioni è stata però purtroppo esemplificativa di come gran parte della politica si approccia al tema.

Nel 2017 l'ospedale San Camillo di Roma ha bandito un concorso per assumere due ginecologi non obiettori o ginecologhe non obiettrici. È giunta immediata la condanna dei movimenti per la vita e della CEI, ma questo era prevedibile. Il problema è che anche l'allora ministra della Salute Beatrice Lorenzin, attualmente senatrice del Partito democratico nonché ideatrice dell'indimenticabile Fertility Day, in quell'occasione ha dichiarato: «È evidente che non è possibile reclutare personale sanitario con contratti a tempo indeterminato chiedendo fra i requisiti l'essere non obiettore. Fermo restando che si tratterebbe di una modalità discriminatoria di reclutamento del personale, il diritto all'obiezione di coscienza, contemplato dalla legge 194, prevede anche la possibilità di cambiare idea nel corso della propria carriera lavorativa, da non obiettore a obiettore e viceversa, anche per più volte... Non bisogna esprimere pensieri, ma semplicemente rispettare la legge in cui l'obiezione di coscienza è rispettata nel nostro Paese».

Il che significa che una ministra di un governo di centrosinistra non si è preoccupata che venisse negato un diritto alle donne e alle persone con utero, né che l'obiezione di coscienza, senza limiti, potesse inficiare la possibilità di ricorrere all'aborto nelle strutture sanitarie pubbliche, individuate dalla legge: si è piuttosto solo e soltanto preoccupata della tutela dell'obiezione di coscienza, tuttora uno dei maggiori ostacoli alla libertà di una donna di decidere sul proprio corpo.

Questo episodio, così come i dati esposti in precedenza, dimostra plasticamente come il diritto all'aborto sia sempre più teorico.

Il principio della libertà di scelta viene ribaltato: dopo quasi cinquant'anni dall'approvazione della 194, infatti, sappiamo che a essere tutelato è il diritto di dichiararsi obiettori, qualsiasi sia la motivazione, per principio, per timore di ripercussioni professionali, per assicurarsi una carriera migliore. Alle donne invece si riserva il privilegio di prendere porte in faccia, di vedere negata la possibilità di ricorrere all'aborto farmacologico, di dover faticare per trovare qualcuno che faccia semplicemente il suo mestiere. Noi veniamo chiamate assassine.

Così ci ha definite anche papa Francesco: le donne che ricorrono all'IVG sarebbero assassine e i medici che la praticano i loro sicari. Non è di certo il pontefice il mio interlocutore sul tema dell'aborto: sono una deputata e, prima ancora, una cittadina di uno Stato laico. Non mi aspetto posizioni diverse dall'uomo a capo di un'istituzione il cui gesto distintivo, il segno della croce, come ricordava Roberto Benigni trent'anni fa, cita il padre, il figlio e «pur di non nominare la madre, s'inventa lo spirito santo». La violenza delle sue parole colpisce chiunque, qualsiasi religione professi, ma non può non ferire in particolare quelle persone cattoliche che si trovano a dover affrontare una gravidanza non desiderata e che, nonostante la fede, scelgono di interromperla. Essere definite assassine da chi per loro rappresenta la massima autorità religiosa le avrà fatte sprofondare, con tutta probabilità, in un travaglio interiore atroce e ingiustificato. E, d'altra parte, dev'essere tremendo portare avanti una gravidanza non desiderata solo perché il tuo riferimento religioso ti condannerebbe come assassina. Sono straordinarie le storie di donne cattoliche che hanno abortito, mostrate dall'associazione Catholics for Choice alle porte del Vaticano:[11] centottanta esperienze raccolte, alcune di queste intrecciate in un grande tessuto srotolato in via della Conciliazione, di fronte alla basilica di San Pietro; così come straordinario è l'impegno di don Giulio Mignani che dà voce, nella comunità cristiana, alla lotta per garantire diritti a tutti e a tutte.

Penso anche a quei medici e a quelle mediche di religione cattolica che esercitano con professionalità il loro mestiere, applicando una legge e garantendo che nel nostro Paese si abbia la possibilità di abortire. Posso solo immaginare quanto sia complesso conciliare una fede sincera con simili posizioni.

Io non sono una teologa e non mi occupo di questioni religiose. Spero solamente che tutte le persone messe in crisi nella loro dimensione spirituale dall'anatema del pontefice possano aggrapparsi alle parole che pronunciò Gesù sul peccato di aborto: nessuna.

11 https://www.catholicsforchoice.org/resource-library/pope-francis-listen/

3.
Consultori

La strada della libera scelta per vivere la vita che desideri è costeggiata da migliaia di cartelli che ti consigliano di tornare indietro, come se il percorso che hai davanti fosse troppo accidentato, come se dovessi necessariamente imboccare l'altra via, quella della maternità. Alcuni di questi cartelli sono in bella vista, altri sono messaggi subliminali, altri ancora sono dei veri e propri manifesti a caratteri cubitali, come le pubblicità dei concerti.

In questo vortice di segnalazioni, ce n'è una particolarmente meschina: quella che dovrebbe indicare l'oasi nel deserto o, più prosaicamente, l'autogrill in autostrada che appare in lontananza quando non ce la fai più a trattenere la pipì, hai un buco nello stomaco o sei in riserva da troppi chilometri. Quell'autogrill è la salvezza. È il luogo che più di ogni altro desideri raggiungere, dove liberarti, rifocillarti, rilassarti o mettere nel serbatoio il carburante necessario a proseguire il tuo viaggio. Il problema è che nel nostro caso quell'autogrill è spesso troppo lontano, oppure è fuori servizio, o ancora peggio è un posto dove non ci sono i bagni, chi dovrebbe rifornirti di benzina si rifiuta di farlo e chi potrebbe prepararti un caffè non vuole farlo. Non solo. Potrebbe persino accadere che ti dia della scellerata, solo perché hai uno di questi bisogni.

Negli anni Settanta i diritti civili, sociali e sindacali sono progrediti come non mai nel nostro Paese. In quel contesto politico-culturale sono deflagrate, in tutta la loro potenza, le rivendicazioni dei movimenti femministi. La storia di Gigliola Pierobon, colpevole di aborto, che con immenso coraggio volle trasformare il suo caso in processo politico, suscitando un'enorme eco, è una pietra miliare sulla nostra strada per l'affermazione di un diritto. In quegli anni sono nati i primi centri antiviolenza e sono stati creati i consultori autogestiti. Riguardo a questi ultimi, non dobbiamo pensare ad ambulatori polifunzionali dove il personale sanitario si limitava a curare i problemi di salute delle utenti; erano spazi in cui non esisteva il concetto che un medico o la medica, dall'alto del loro sapere, prescrivessero semplicemente delle terapie. I consultori autogestiti erano luoghi di accoglienza, di consapevolezza, di cura della persona nella sua interezza, di formazione, di condivisione di esperienze.

Le istanze da cui sono nati erano talmente forti che la politica aveva dovuto in qualche modo rispondere e lo aveva fatto con la legge 405 del 1975,[12] che istituiva appunto i consultori familiari: una legge che è stata una conquista per tutte quelle donne che urlavano e rivendicavano: «Il corpo è mio e lo gestisco io», firmata da Aldo Moro e Giulio Andreotti, i due principali esponenti della Democrazia cristiana. La dimostrazione di quanto siano importanti le rivendicazioni dal basso e la determinazione di voler cambiare la società sta proprio nelle conquiste epocali di quegli anni. L'innovazione strepitosa che sono stati i consultori è frutto dunque dell'esperienza di luoghi autogestiti che, prima della politica istituzionale, come spesso accade, avevano intuito che non si dovessero creare dei semplici ambulatori dove settorialmente ogni professionista prendesse in carico un pezzetto della cura della persona. L'ambizione messa in pratica in quegli spazi era creare un ambiente in cui si andasse oltre un lavoro di équipe, uscendo dalle mura del consultorio stesso e intervenendo anche sulle problematiche dell'ambiente circostante, per esempio sulla diffusione

12 https://www.gazzettaufficiale.it/eli/id/1975/08/27/075U0405/sg

dell'educazione sessuale: non si doveva solo aspettare l'utenza, ma si poteva e voleva produrre un contesto di consapevolezza.

In quegli anni c'è stato un radicale cambio di prospettiva nella politica sanitaria, che si è trasformata in ciò che oggi chiameremmo servizio socio-sanitario integrato: la salute non è più, dunque, solo "assenza di malattia", ma è l'aspirazione per la persona di vivere uno stato di completo benessere psicofisico all'interno di un luogo che sia un ambiente sicuro, protetto, di liberazione, di conoscenza e condivisione.

L'articolo 1 della legge 405 chiarisce subito la complessità e la profondità della missione: assistenza psicologica per una genitorialità responsabile, assistenza in caso di difficoltà che riguardano i minori e le minori, supporto per le adozioni, informazione in merito alla contraccezione, assistenza riguardo ai problemi relativi alla sterilità e all'infertilità, somministrazione dei mezzi necessari per conseguire le finalità liberamente scelte dalla coppia e dal singolo in ordine alla procreazione responsabile, nel rispetto delle convinzioni etiche e dell'integrità fisica degli utenti, tutela della salute della donna.

Un aspetto di grandissima importanza e innovazione della legge è poi il riferimento alla contraccezione. Fino a soli quattro anni prima, nel nostro Paese, vigeva ancora il Codice Rocco, il codice penale fascista che individuava i delitti contro l'integrità e la sanità della stirpe: con una sentenza della Corte costituzionale (non con un'azione politica, è bene sottolinearlo) il 10 marzo 1971[13] veniva abrogato un caposaldo di quel codice, il famigerato articolo 553, che vietava e puniva «la propaganda dei mezzi atti a impedire la procreazione», prevedendo un anno di reclusione per chi si fosse reso responsabile non solo di tale "reato", ma anche dell'utilizzo dei contraccettivi. La parte rimanente di quel Titolo x del Codice Rocco sarebbe stata abrogata qualche anno dopo.

Nel 1978 venne invece promulgata la legge 194 che, sebbene molto lontana dall'essere perfetta, sebbene abbia aperto le porte a numerosi problemi con cui ancora oggi facciamo i conti, sebbene fosse l'evidente frutto di mille compromessi che hanno pesato sulle spalle delle donne, disciplinò l'aborto legale: nella 194 i consultori rappresentano un pilastro fondamentale, poiché, nella maggior parte dei casi ancora oggi sono la tappa iniziale del percorso che una persona compie per abortire. Ancora oggi qui viene firmata quasi la metà dei certificati utili per procedere all'interruzione volontaria di gravidanza, ma questo non significa che

[13] https://www.cortecostituzionale.it/actionSchedaPronuncia.do?anno=1971&numero=49

siano esclusivamente luoghi in cui andare se si decide di abortire, come ormai vorrebbe farli apparire la propaganda dei gruppi antiscelta e quella del governo Meloni. Nel mio caso, per esempio, la prima volta che ho messo piede in un consultorio non è stato per un aborto: era una delle mie prime visite ginecologiche e, grazie alle importanti iniziative di prevenzione su cui mi hanno informata quel giorno, ho scoperto una familiarità con patologie tumorali che mi ha portato a rimuovere, qualche settimana dopo, un nodulo al seno. Fino al giorno in cui sono andata lì per interrompere una gravidanza, il consultorio per me era un luogo di cura, di assistenza, di attenzione. Un luogo vivo, dove si respiravano storie, vissuti e anche legami. Esattamente come dovrebbe essere sempre, e come è in tantissimi casi.

La generazione delle nostre madri è insomma passata dal rischiare la prigione nel caso di "propaganda" e utilizzo dei contraccettivi all'assistere alla creazione di un luogo pubblico, il consultorio, nel quale le persone venivano informate sulla contraccezione stessa. In soli quattro anni. Dopo altri tre, ha ottenuto anche l'accesso all'aborto.

Grazie alle loro lotte, alle lotte dei movimenti femministi, sul tema della salute riproduttiva e più in generale sulla salute delle donne, l'Italia è così legittimamente entrata nella modernità, seppur con lentezza rispetto ad altri Stati europei. Recuperava in compenso il tempo perduto istituendo un luogo di avanguardia.

A distanza di mezzo secolo, il problema non è che ci siamo fermati, ma che abbiamo fatto addirittura dei passi indietro: come spesso accade in molti ambiti, infatti, abbiamo delle buone leggi che però non incontrano la volontà politica e non trovano il sostentamento economico per la loro applicazione. Da quando sono deputata, ho partecipato a decine di incontri, convegni, dibattiti sulla direzione che deve prendere la politica della salute. Le direttrici principali, che tutti e tutte giustamente auspicano, sono la medicina di prossimità, una medicina territoriale e l'integrazione sociosanitaria. Se penso che, cinquant'anni fa, i consultori erano concepiti esattamente su questi principi e che, negli anni, si è pian piano voluto stravolgerne il senso e sono stati puntualmente definanziati, mi rendo conto di quanto la pratica sia sempre più lontana dalla teoria.

Per rendere effettiva e concreta la missione dei consultori, si doveva per esempio assicurarne la presenza capillare in tutto il Paese.

Torniamo al viaggio che una persona deve intraprendere per interrompere volontariamente una gravidanza. L'iter dovrebbe essere questo: scopro di essere incinta, decido di abortire, vado in un consultorio, o in alternativa nello studio del mio medico di fiducia, dove mi visitano, attestano lo stato di gravidanza, dopodiché o mi indicano un ospedale dove eseguire l'operazione o, se sono fortunata perché risiedo in una regione che ha applicato le disposizioni ministeriali, mi danno la prima pillola per l'aborto farmacologico.

Non dovrei essere trattata come se fossi affetta da una patologia, come un'irresponsabile, tantomeno come un'assassina. Dovrei essere accolta come una persona che si rivolge a una struttura di professionisti e di professioniste che non emettono alcun giudizio sul motivo per cui la persona si trova lì.

Primo obiettivo, dunque, cercare un consultorio.

La legge prevede che ce ne sia uno ogni 20.000 abitanti. Il motivo non è da ricercare solamente nel fatto che a ogni persona deve essere garantita l'accessibilità alla struttura, ma anche nella stretta relazione che deve esserci con il territorio, partendo da un principio che, in Italia, è oggi quanto mai disatteso: quello che riguarda la cosiddetta "promozione della salute". È provato difatti che, soprattutto in determinati contesti socio-economici dove si è costrette in condizioni di marginalità sociale, c'è minore capacità di aumentare il controllo sulla propria salute e di migliorarla. È un fatto che tuttora sempre più persone rinuncino a curarsi o si indebitino per farlo. Se quindi lo Stato non fa sentire attivamente la propria presenza con presidi, servizi, campagne informative e di sensibilizzazione, molti cittadini e molte cittadine neanche provano a prevenire eventuali problemi di salute, non perché non vogliono, ma perché non possono; figuriamoci tendere il più possibile verso uno "stato di completo benessere psicofisico".

Stando ai dati a cui possiamo fare riferimento se vogliamo partire da una mappatura ufficiale (dati purtroppo non aggiornati, poiché derivano da un'indagine condotta dall'Istituto superiore di sanità portata avanti tra novembre 2018 e luglio 2019)[14] in media c'è un consultorio ogni 30.000 abitanti. In media. Questo significa che non si calcolano le sperequazioni territoriali: ben otto regioni non raggiungono questo rapporto e ci sono territori in cui si può addirittura arrivare a un consultorio ogni 100.000 abitanti. Nel Lazio c'è un consultorio ogni 44.058 abitanti, uno ogni 66.329 in Molise, uno ogni 52.995 in Friuli Venezia Giulia, uno ogni 61.234 in Lombardia.

Sulla Lombardia dobbiamo però fare un discorso

[14] https://www.iss.it/documents/20126/6682486/22-16+pt+1+web.pdf/649d7a13-4202-8500-fe0f-4ac181f823c8?t=1657692836837

a parte: è infatti tra le regioni che hanno il rapporto consultori pubblici/numero di abitanti più basso e che conta invece un gran numero di consultori privati. Il principale fautore di tale politica è stato Roberto Formigoni, soprannominato "il Celeste", presidente della Regione dal 1995 al 2013, nonché componente di Memores Domini, un'associazione di persone che praticano sotto l'egida di Comunione e Liberazione (potente associazione cattolica fondata da don Luigi Giussani) e statutariamente vivono seguendo i precetti di povertà, castità e obbedienza. Sul precetto di povertà: nel 2019 Formigoni è stato condannato in via definitiva a 5 anni e 10 mesi di reclusione per corruzione nell'ambito di un'inchiesta sulla sanità privata in Lombardia. Le accuse ipotizzano che il reato di corruzione sia stato esercitato tramite benefit di notevole valore patrimoniale come vacanze, utilizzo di yacht, cene di pubbliche relazioni a margine del famoso meeting annuale di CL a Rimini. A Napoli diciamo: «*Fa chell ca dic ij e no chell ca facc ij*», fai quello che dico io e non quello che faccio io.

La Lombardia è il più grande laboratorio italiano di privatizzazione della sanità e anche i consultori sono rientrati in questa logica: su 215 consultori, 86 sono privati[15] e l'85 per cento di quelli privati è d'ispirazione

15 https://www.regione.lombardia.it/wps/portal/istituzionale/HP/

cristiana. Quindi non si potenziano i consultori pubblici, che piano piano vengono smantellati, e contemporaneamente si finanziano quelli privati.

E cosa accade in molti di questi consultori privati?

Con la delibera regionale del 2000, denominata "Determinazioni in materia di autorizzazione al funzionamento del servizio per le attività consultoriali in ambito materno infantile",[16] si introduce, di fatto, l'obiezione di struttura e quindi, in deroga a quanto stabilito dalle norme, i consultori familiari privati possono «escludere dalle prestazioni rese quelle previste per l'interruzione volontaria di gravidanza». Tutto il consultorio non effettua pertanto alcun servizio che riguardi l'aborto.

Se non fosse già odiosa di per sé la personale obiezione di coscienza riguardo all'interruzione volontaria di gravidanza, con l'obiezione di struttura si supera ogni limite morale, di legittimità e di tutela della salute. La 194 prevede che le strutture sanitarie e le regioni *debbano*, non *possano*, organizzarsi in modo tale da assicurare in ogni caso l'accesso al servizio (art. 4). È evidente dunque che l'obiezione di struttura non viene in alcun modo ammessa dal nostro ordinamento,

istituzione/Giunta/sedute-delibere-giunta-regionale/DettaglioDelibere/delibera-1518-legislatura-12

[16] https://lombardiasociale.it/wp-content/uploads/2012/03/dgr2000_2594.pdf

poiché comporta che esistano consultori in cui si nega addirittura il rilascio del certificato utile per poter proseguire nel percorso dell'interruzione volontaria di gravidanza.

Nel caso dei consultori bisogna fare attenzione a questo passaggio. L'obiezione di coscienza è prevista per chi materialmente è coinvolto nell'esecuzione dell'intervento di aborto. Ma perché mai un medico non dovrebbe nemmeno rilasciare il certificato di stato di gravidanza? La situazione nel nostro Paese è questa: dei 2015 consultori censiti dal ministero della Salute, soltanto il 68,4 per cento offre servizio di *counselling* per interrompere una gravidanza, un dato che si abbassa drasticamente nelle Marche dove solo il 4,4 per cento dei consultori, stando ai dati del 2022, effettua queste prestazioni.[17]

Se quindi da una parte abbiamo il caso della Lombardia, dall'altra fortunatamente abbiamo l'esempio virtuoso di quanto fece, per esempio, la giunta Zingaretti nel Lazio. Nel 2014, in un decreto regionale,[18] venne scritto nero su bianco: «In merito all'esercizio dell'obiezione di coscienza fra i medici ginecologi, che dati recenti pongono al 69,3 per cento in Italia [...] si

[17] https://www.istat.it/wp-content/uploads/2024/08/interruzione-volontaria-gravidanza-Ebook.pdf, p. 10.

[18] https://www.quotidianosanita.it/allegati/allegato3701782.pdf

ribadisce come questa riguardi l'attività degli operatori impegnati esclusivamente nel trattamento dell'interruzione volontaria di gravidanza, di seguito denominata IVG. Al riguardo, si sottolinea che il personale operante nel Consultorio familiare non è coinvolto direttamente nella effettuazione di tale pratica, bensì solo in attività di attestazione dello stato di gravidanza e certificazione attestante la richiesta inoltrata dalla donna di effettuare IVG. Per analogo motivo, il personale operante nel Consultorio è tenuto alla prescrizione di contraccettivi ormonali, sia routinaria che in fase post-coitale, nonché all'applicazione di sistemi contraccettivi meccanici, vedi IUD (Intra Uterine Devices)».

La Regione Lazio ribadì un principio sacrosanto: l'obiezione di coscienza non può non incontrare limiti, non può riguardare ogni aspetto del processo, la legge la circoscrive, non si può rifiutare l'attestazione dello stato di gravidanza, né il certificato utile solo ad accedere successivamente e in altri luoghi all'aborto, e si spinse anche a ribadire che non è legittima la possibilità di obiezione per la prescrizione della cosiddetta "pillola del giorno dopo" e degli altri contraccettivi.

Penso a me, a quando sono andata in un consultorio che avevo scelto solo perché era quello più vicino a casa mia, con l'ansia del tempo che scorreva, in uno stato psicofisico devastato. Penso a quelle persone che vengono rifiutate da un luogo che dovrebbe ispirarsi a valori di accoglienza, condivisione, rispetto.

Come ho raccontato, io non sono stata direttamente rifiutata. Ho incontrato delle donne che hanno provato con insistenza a convincermi che stavo sbagliando, che essere madre era una cosa bellissima, mentre io riuscivo solo a piangere. Non ho toccato con mano una formale obiezione di struttura, ma da quel consultorio sono uscita unicamente con l'indicazione di un ospedale dove effettuare l'intervento (e con l'opuscolo sulle adozioni). Non sono stata visitata, nessuno mi ha rilasciato alcun documento.

All'epoca non conoscevo la legge, ignoravo la storia dei consultori: quando, più tardi, sono venuta a conoscenza di come dovrebbero funzionare le cose e ho pensato a quello che invece ho sperimentato in prima persona, ho provato una rabbia enorme, che ho cercato di canalizzare nella mia attività politica, per fare del mio meglio affinché nessun'altra persona vivesse una situazione simile.

I consultori hanno dunque una diffusione sul territorio inferiore rispetto a quanto previsto dalla legge e il servizio che prestano è stato nel tempo depauperato a causa di un sistematico depotenziamento di finanziamenti e del personale. Basta vedere il numero di ore previsto dalla legge che il personale dovrebbe coprire, ma non può perché è sottostaffato: il valore medio delle ore settimanali di riferimento è inferiore di 7 ore per il ginecologo, 14 per l'ostetrica, 3 per lo psicologo, 26 per l'assistente sociale.

Rispetto alle 18 ore settimanali richieste per il servizio di ginecologia, solo in due regioni si raggiunge l'obiettivo: Emilia Romagna e Calabria (solo in alcune zone della regione, però, perché in diverse province calabresi trovare dei consultori è un'impresa).

Se oggi possiamo contare su consultori che assolvono la loro missione, lo si deve esclusivamente alla capacità e alla dedizione di singoli professionisti e singole professioniste, che cercano, tra mille difficoltà e carenze di organico, di perseguire quello che è lo scopo originario di questi istituti. Lo si deve alle reti dei movimenti, a chi monitora e presidia.

Attenendosi a una visione della sanità privatistica, aziendalista e ospedalocentrica, negli anni sono stati smantellati molti presidi territoriali. Luoghi del genere, gratuiti, liberamente accessibili da chiunque, senza nessuna distinzione, sono esattamente ciò che una gestione orientata al profitto non ha interesse a potenziare.

Purtroppo la politica non sta minimamente invertendo la rotta. I consultori sono stati finanziati poche volte negli ultimi trent'anni, e spesso solo per progetti specifici. Sono sempre più frequenti le notizie di consultori che vengono accorpati, se non addirittura definitivamente chiusi. Nel momento in cui scrivo, la stragrande maggioranza degli investimenti è delegata al Piano nazionale di ripresa e resilienza (PNRR), ideato nel 2020 in seguito alla pandemia Covid per rilanciare il Paese, grazie a un colossale finanziamento dell'Unione Europea.

Poiché però tale piano è articolato in progetti che hanno una scadenza temporale ben definita, non è nella sua natura poter coprire le spese riguardanti l'incremento di personale, in qualsiasi ambito, non solo sanitario. Dunque il PNRR non può, per sua definizione appunto, colmare gli organici.

Al suo interno ci sono centinaia di progetti, dunque è necessario che il governo, col procedere del tempo, adegui determinate misure funzionali alla sua attuazione e monitori l'andamento dei lavori. Era quindi prevedibile e comprensibile che ci fosse un intervento normativo sul PNRR da parte dell'attuale governo: infatti il 2 marzo del 2024, il governo Meloni ha emanato il cosiddetto Decreto PNRR.[19]

Nel titolo del provvedimento si parla di "Ulteriori disposizioni urgenti per l'attuazione del Piano nazio-

[19] https://www.gazzettaufficiale.it/eli/id/2024/04/30/24A02201/sg

nale di ripresa e resilienza". Quello che nessuno poteva aspettarsi è che, tra le centinaia di proposte emendative presentate alla Camera dei deputati, ne spuntasse una che recita così: «aggiungere dopo l'articolo 44 le parole "Le regioni organizzano i servizi consultoriali nell'ambito della Missione 6, Componente 1, del Piano nazionale di ripresa e resilienza, anche con il coinvolgimento di soggetti del terzo settore che abbiano una qualificata esperienza nel sostegno alla maternità"».[20] La firma in calce era di Lorenzo Malagola, deputato di Fratelli d'Italia.

Torneremo più avanti su cosa abbia scatenato quell'emendamento, su quei giorni, sulla mia reazione nel leggere quelle parole. Qui voglio invece soffermarmi sulla narrazione che è stata fatta dalla destra e dalle associazioni antiabortiste per sostenerne la legittimità.

Tutto parte dall'idea, completamente smentita dai numeri, che in questo Paese sia troppo semplice abortire e che una donna, quando entra in un consultorio, si ritrovi in mezzo a un manipolo di malefici dottori e malefiche dottoresse che non vedono l'ora di estrarle il feto dalle viscere. Questa donna, quando non viene

[20] https://documenti.camera.it/apps/emendamenti/getPropostaEmendativa.aspx?contenitorePortante=leg.19.eme.ac.1752&tipoSeduta=1&sedeEsame=referente&urnTestoRiferimento=urn:leg:19:1752:null:null:com:05:referente&dataSeduta=null&idPropostaEmendativa=44.028.&position=20240325

definita assassina, è descritta con tono paternalistico: ignora quanto sia bello essere madre, probabilmente è in difficoltà economica, ha bisogno di qualcuno che le dica che ha ricevuto il dono più prezioso, quello di potere generare la vita. Partendo da questo presupposto, coloro che hanno promosso quell'emendamento ritengono necessario permettere ad associazioni private, ideologicamente orientate, di entrare nei consultori con l'intento di riequilibrare le informazioni che vi si ricevono: da una parte quindi ci sarebbero i medici e le mediche pro-morte, dall'altra le associazioni pro-vita. Un affronto a chi quotidianamente, con dedizione e competenza, porta avanti il proprio lavoro.

Ho tentato di chiarire quale sia lo stato reale dei consultori del nostro Paese con dati incontrovertibili. Per comprendere la realtà però spesso i numeri non bastano, servono le testimonianze. Ne cito una tra tante che mi sono arrivate dalle moltissime donne che hanno voluto condividere con me la loro esperienza: «Nel consultorio ho trovato una dottoressa che mi ha detto, sorridendo insieme alla collega: "Una pillola anticoncezionale, no? Ah, giusto, fa ingrassare!" Subito dopo mi hanno fatto sentire il battito del feto, mi hanno mostrato il monitor e hanno sentenziato: "Guarda che l'aborto non è la soluzione, ma l'inizio dei problemi"».

Quell'autogrill in autostrada di cui parlavamo all'inizio di questo capitolo, quindi, ancora molte non lo trovano. I cartelli che indicano l'uscita non ci sono, oppure è chiuso, o magari è aperto, ma la benzina è finita. In molte sono costrette a tornare indietro ed è una scelta tra le più drammatiche. C'è anche chi lo trova, certo, ma poi deve fare i conti con i mille sensi di colpa che le hanno insinuato nel cervello. C'è chi ci mette anni a superare la violenza con cui è costretta a confrontarsi. C'è chi riesce a reagire e chi si imbatte nelle reti di mutuo aiuto dal basso; chi viene accolta e supportata. Chi semplicemente sta bene. E proprio a coloro che offrono accoglienza e supporto, a chi, nonostante tutti e tutto, ogni giorno svolge con professionalità e dedizione il proprio lavoro, dobbiamo il nostro ringraziamento, in quanto eredi delle tante donne e delle persone che cinquant'anni fa hanno lottato affinché i nostri diritti venissero riconosciuti e la nostra società migliorasse. Un diritto conquistato non può però dirsi acquisito per sempre e, per questo, la lotta va rinnovata, oggi più che mai, con la stessa forza e con lo stesso spirito. E i consultori devono essere uno dei principali terreni di confronto, perché smantellandoli, rendendoli inaccessibili a chi sceglie di abortire, permettendo l'accesso ad associazioni biecamente ideologiche, si cancella una delle conquiste più importanti del femminismo italiano. Sono strumenti fondamentali per la libertà di tutte noi, ecco perché la difesa della loro missione originale, il loro potenziamento, la loro diffusione devono essere un punto centrale nelle rivendicazioni politiche attuali.

4.
RU486

Una donna stramazzata a terra, priva di sensi, nella mano una mela appena morsa. Una scritta sovraimpressa: «Prenderesti mai del veleno? Stop alla pillola abortiva RU486».

Questo è il manifesto realizzato da un'associazione antiabortista, Pro Vita & Famiglia, che giganteggia sui cartelloni lungo le vie di molte città italiane nel 2020.

A parte l'ossessione sul tema "donne che mangiano le mele" che da Eva a Biancaneve evidentemente turba il sonno a molte persone, cos'era successo di così terribile da generare una simile massiccia campagna di comunicazione? C'era stato qualche grave evento collegato all'assunzione della pillola RU486? Si era registrato un qualche effetto avverso? Niente di tutto questo. Ecco cosa era successo: ad agosto, successivamente al parere favorevole del Consiglio superiore di sanità,[21] l'AIFA ha emanato la determina n. 865,[22] con la quale si estende la possibilità di ricorrere all'interruzione volontaria di gravidanza farmacologica fino a nove settimane compiute di età gestazionale, ovvero fino al sessantatreesimo giorno di amenorrea, rimuovendo la restrizione vigente riguardo ai tempi di assunzione e il vincolo che imponeva il ricovero «dal momento dell'assunzione del farmaco fino alla verifica dell'avvenuto aborto».

Insomma, anche noi che viviamo in Italia, per lo Stato, siamo diventate finalmente uguali al resto delle cittadine europee. Ci sono voluti addirittura undici anni dall'approvazione in Italia della cosiddetta pillola abortiva, e quaranta dalle sue prime sperimentazioni in UE.

E a velocizzare e sbloccare l'iter è stata proprio la pandemia, che ha messo in ginocchio e congestionato le strutture ospedaliere, obbligandole a rivedere la propria organizzazione. Ovviamente, tutto ciò è stato possibile solo grazie al lavoro prezioso e determinato delle associazioni e delle realtà pro-choice, a cui si è aggiunto, come riportato nella circolare ministeriale,

[21] https://www.salute.gov.it/imgs/C_17_pubblicazioni_3039_allegato.pdf

[22] https://www.aifa.gov.it/documents/20142/1134592/Determina_865-2020_MIFEGYNE-RU486.pdf

quello dell'intergruppo Donne, diritti e pari opportunità della diciottesima legislatura.[23] Fu una delle prime interrogazioni che presentai, dopo essere stata eletta nel 2018, quella con cui chiesi di equiparare le nostre linee di indirizzo a quelle degli altri Paesi europei.[24]

Torniamo però indietro di qualche anno, al 2003, quando l'Organizzazione mondiale della sanità inserisce il mifepristone e il misoprostolo nella lista dei farmaci essenziali, ovvero quelli che soddisfano bisogni sanitari prioritari. L'OMS redige e aggiorna tale lista allo scopo di migliorare l'accessibilità dei farmaci che include.

La pillola comincia a essere utilizzata in Italia in via sperimentale già dal 2005,[25] ben prima che venisse autorizzata anche nel nostro Paese, perché in assenza di normativa nazionale un farmaco che è stato approvato in un altro Paese membro dell'Unione Europea può essere legalmente importato: Emilia Romagna e Toscana sono state regioni pioniere, consegnandola addirittura a domicilio; anche il Piemonte avviò una sperimentazione clinica.

[23] https://www.salute.gov.it/imgs/C_17_pubblicazioni_3039_allegato.pdf

[24] https://aic.camera.it/aic/scheda.html?numero=4/01980&ramo=CAMERA&leg=18

[25] https://www.epicentro.iss.it/ivg/RU486Dati2010-2011

Solo nel 2009 l'AIFA, Agenzia italiana del farmaco, ha deliberato l'autorizzazione all'immissione in commercio del farmaco mifepristone, o RU486, approvandone l'uso solo fino al quarantanovesimo giorno di amenorrea, quindi fino alla settima settimana di gravidanza, con obbligo di ricovero ospedaliero.

Nel nostro Paese, dunque, l'aborto farmacologico è stato finalmente autorizzato nel 2009.

Il governo in carica era il Berlusconi IV: tra i ministri figuravano Giorgia Meloni alla Gioventù e Ignazio La Russa alla Difesa. Ne faceva parte anche l'attuale ministra Eugenia Roccella, sottosegretaria al lavoro, alla salute e alle politiche sociali, proprio con delega all'AIFA, dal 12 maggio 2008 al 15 dicembre 2009.

Non crediate che fosse un'amministrazione particolarmente illuminata, figuriamoci: semplicemente, per il principio del mutuo riconoscimento dei farmaci all'interno dell'Unione Europea, l'AIFA doveva regolamentare l'uso della RU486. La direttiva comunitaria 2001/83, che autorizza l'immissione in commercio di medicinali, dispone infatti che dopo l'approvazione di un farmaco da parte di uno Stato membro, tutti gli altri possono solo regolamentarne l'uso e definirne il costo. Sostanzialmente, quindi, si è trattato di un "obbligo".

L'AIFA, in un comunicato stampa diramato il 28 agosto 2009, specifica senza possibilità di fraintendimenti: «A questo punto l'autorizzazione del CdA è diventato un atto dovuto poiché la normativa europea non consente deroghe su base nazionale alla decisione favorevole emessa dalla Commissione UE (marzo 2007, aggiornata a maggio 2009) in assenza di nuovi dati scientifici tali da imporre una revisione della procedura che coinvolge tutti gli Stati membri. La compatibilità della proposta tecnica AIFA con la legge 194 sarà ovviamente oggetto di valutazione da parte degli organi competenti». Tra gli effetti conseguenti alla regolamentazione limitativa introdotta per l'utilizzo della RU486, AIFA riporta: «Fine dell'illusione che l'interruzione medica della gravidanza sia un evento semplice, rapido ed economico»[26].

A quindici anni di distanza, queste parole usate dall'Agenzia italiana del farmaco per chiudere il comunicato stampa sembrano prefigurare ciò che si è verificato negli anni a seguire: l'approvazione della RU486 non significa, ancora oggi, aver garantito in gran parte del Paese l'accesso all'IVG farmacologica.

La frase conclusiva del comunicato ricorda moltissimo il titolo del libro che la ministra Roccella ha scritto a quattro mani con la sua attuale vicecapo di gabinetto Assuntina Morresi: *La favola dell'aborto*

[26] https://www.aifa.gov.it/documents/20142/241024/Comunicato_Stampa_121.pdf

facile. Miti e realtà della pillola RU486,[27] pubblicato nella seconda edizione nel 2010. Nelle prime righe, e non vi invito affatto ad andare oltre, le autrici ci spiegano perché, dopo aver licenziato una prima edizione nel 2006, abbiano sentito il bisogno di farne una seconda: Eugenia Roccella, diventata sottosegretaria alla Salute, era «direttamente coinvolta nella vicenda italiana della pillola abortiva»[28] e i fatti imponevano di aggiungere un ulteriore capitolo denominato "Gli ultimi avvenimenti".[29]

Seguono centottantanove pagine per raccontare quanto sia pericolosa l'idea dell'aborto farmacologico e quanto sia pericoloso pensare che si possa abortire senza dolore.

In un Paese in cui la ministra delle Pari opportunità è autrice di questo libro, non si può sperare di andare molto lontano.

In altri Paesi la RU486 è ampiamente utilizzata già da molti anni: è stata autorizzata per la prima volta in Francia nel 1988 e successivamente in Austria, Belgio, Danimarca, Finlandia, Germania, Grecia, Lussemburgo, Paesi Bassi e Spagna. Oltre a queste

[27] Assuntina Morresi, Eugenia Roccella, *La favola dell'aborto facile. Miti e realtà della pillola* RU486, Franco Angeli, Milano, 2010.
[28] Ivi, p. 9.
[29] Ivi, p. 158.

prime approvazioni, ne sono seguite altre in Svezia, Regno Unito, Estonia e Lettonia.[30]

Come mai le donne e le persone con utero negli altri Paesi hanno potuto avere accesso all'aborto farmacologico fino al sessantatreesimo giorno dall'amenorrea e senza dover sopportare un ricovero ospedaliero mentre per noi sono a lungo valse regole completamente diverse e molto più restrittive? Si è creduto forse che le donne e le persone con utero che vivevano nel nostro Paese fossero morfologicamente diverse dalle cittadine francesi o dalle altre cittadine europee?

Il nostro Paese ha scontato un gravissimo ritardo che hanno pagato sulla propria pelle tutte quelle persone che non hanno avuto la possibilità di scegliere di abortire con il metodo farmacologico e che hanno dovuto subire un ricovero ospedaliero; lo ha pagato tutta la collettività, in termini di efficienza del Servizio sanitario nazionale, perché i costi dei ricoveri inappropriati hanno pesato sull'intero sistema.

Esiste infatti un principio che viene spesso ribadito quando si parla di programmazione sanitaria: quello dell'appropriatezza, un termine che, in documenti e convegni, viene menzionato per ricordare come dovrebbe essere organizzato il nostro Servizio sani-

30 https://www.europarl.europa.eu/doceo/document/P-6-2005-4393-ASW_IT.html

tario nazionale, in materia, appunto, di efficienza ed efficacia.

Il ministro della Salute del governo Meloni, Orazio Schillaci, ha più volte citato l'appropriatezza come criterio della sua azione politica. Lo ha fatto, ad esempio, illustrando le linee programmatiche presentate al Parlamento in occasione della sua nomina;[31] lo ha fatto anche in occasione dell'approvazione del decreto "Liste d'attesa" che, sulla carta, avrebbe dovuto risolvere il problema delle lunghe attese cui sono costrette tutte le persone che hanno bisogno di esami diagnostici e di visite specialistiche, ma che nei fatti continuava la strisciante operazione di privatizzare il Servizio sanitario nazionale, un processo in atto da anni che però sta subendo un'evidente accelerazione durante questo governo. Il ministro Schillaci ha inoltre dichiarato: «L'ammodernamento della nostra sanità richiede non solo risorse economiche adeguate, ma un loro utilizzo appropriato e so che tutti voi chiamati ogni giorno a confrontarvi con vincoli di bilancio sapete quanto sia importante ridurre sprechi e inappropriatezza. Penso alla medicina difensiva, all'origine di tante prescrizioni e ricoveri inappropriati, che impatta notevolmente sui

[31] https://www.pnrr.salute.gov.it/portale/pnrrsalute/dettaglioNotiziePNRRSalute.jsp?lingua=italiano&menu=notizie&p=dalministero&id=6091

costi del sistema sanitario, oltre ad allungare ulteriormente le liste d'attesa».[32]

I ricoveri inappropriati rappresentano un danno quindi non solo per i costi della nostra sanità (un settore che da tempo, fatta eccezione soprattutto per i due governi Conte, subisce un depauperamento continuo), ma anche per le liste d'attesa.

Come definiamo quindi la necessità di ricovero per un'operazione di interruzione volontaria di gravidanza se esiste un'alternativa che non prevede l'ospedalizzazione come l'aborto farmacologico? Quante persone sceglierebbero, se potessero, il ricorso alla RU486 piuttosto che un'operazione chirurgica?

Nel parere espresso dal Consiglio superiore di sanità, con il quale si sono poi aggiornate le linee guida di utilizzo della RU486, si riporta che, stando a quanto noto dalla letteratura scientifica, «l'aborto farmacologico ottenuto mediante la somministrazione di mifepristone seguita dalla somministrazione di prostaglandine PGE (misoprostolo o gemeprost) può essere praticato fino a 63 giorni di età gestazionale, come autorizzato da EMA (EMEA/H/A-31/693, 2007) e

[32] https://www.sanita24.ilsole24ore.com/art/dal-governo/2023-04-14/schillaci-governo-gia-85-mld-piu-entro-2025-e-ora-guardiamo-def-manager-asl-e-ospedali-rotta-appropriatezza-e-revisione-responsabilita-medica-124013.php?uuid=AErbhRHD&refresh_ce=1

riportato nella scheda tecnica del farmaco dall'AIFA (AIFA, 1° agosto 2018); non esistono evidenze scientifiche che sconsiglino la somministrazione di tali farmaci tra la settima e la nona settimana e che giustifichino la limitazione a sette settimane introdotta in precedenza in Italia».[33]

E si aggiunge: «l'assunzione delle prostaglandine a casa senza necessità di un secondo accesso in Ospedale è attualmente permessa in molti Paesi d'Europa [...] In Francia la possibilità di assunzione dei farmaci per l'aborto medico interamente al di fuori dell'Ospedale è permessa fino alla settima settimana dal 2001, ma ora, nel contesto della pandemia COVID, il College National Gyn Ost Francaise (CNGOF) e la Haute Autorité de Santé ha esteso tale possibilità anche a otto e nove settimane (HAS-CNGOF, 2020). Quindi, la scelta di permettere l'assunzione delle prostaglandine a casa, si adegua a pratiche sicure, sperimentate a livello internazionale».[34]

Ricordiamo pure che l'OMS ha inserito il mifepristone e il misoprostolo nella lista dei farmaci essenziali. Perché allora ancora dubbi e incertezze?

Perché ancora oggi, a quattro anni di distanza dalla

[33] https://www.salute.gov.it/imgs/C_17_pubblicazioni_3039_allegato.pdf, p. 8.
[34] Ivi, p. 9.

circolare ministeriale, dobbiamo quasi festeggiare la notizia che anche l'Emilia Romagna dopo il Lazio si è adeguata dando il via libera alla determina che riconosce la possibilità di autosomministrazione a domicilio della seconda pillola, il misoprostolo?

Solo due regioni da quando il ministero ha emanato la circolare, nel 2020.

Eppure la legge 194, quella stessa legge che il governo Meloni, in maniera strumentale, falsa e ipocrita, dice di voler attuare interamente, all'articolo 15 dispone: «Le regioni, d'intesa con le università e con gli enti ospedalieri, promuovono l'aggiornamento del personale sanitario ed esercente le arti ausiliarie sui problemi della procreazione cosciente e responsabile, sui metodi anticoncezionali, sul decorso della gravidanza, sul parto e sull'uso delle tecniche più moderne, più rispettose dell'integrità fisica e psichica della donna e meno rischiose per l'interruzione della gravidanza».[35]

Visto che assicurare l'accesso all'aborto farmacologico dovrebbe anche alleggerire il carico di lavoro e di organizzazione per le strutture ospedaliere, come mai le regioni sono così indietro?

Prendiamo due casi emblematici, la cui situazione può in parte aiutarci a rispondere a questa domanda: il Piemonte e le Marche, due regioni che ci raccontano

[35] https://www.gazzettaufficiale.it/eli/id/1978/05/22/078U0194/sg

quanto una volontà politica ostile possa calpestare ogni motivazione logica o necessaria.

La regione Piemonte, la stessa che ha stanziato circa due milioni di fondi pubblici per il “Fondo vita nascente”, non ha dato seguito alle linee di indirizzo ministeriale; al contrario, riserva l’attuazione dell’interruzione di gravidanza, anche farmacologica, in ambito ospedaliero.[36] Una decisione inspiegabile che nulla ha a che vedere con motivazioni di carattere sanitario o di tutela della salute, dal momento che, come abbiamo visto, è acclarata la sicurezza della IVG farmacologica. A fare da argine a questa deriva oscurantista sono ancora una volta solo le associazioni, le ginecologhe e le professioniste della sanità, sempre presenti, vigili e attente: Più di 194 voci e Laiga hanno infatti firmato una diffida alla regione proprio per la mancata applicazione delle linee guida ministeriali.

Stessa situazione nelle Marche: la diffida è stata presentata dalla rete Molto+di194, che riunisce oltre venti associazioni e realtà del territorio. La regione Marche riesce a fare pure peggio, al punto che non riconosce nemmeno le linee guida dell’OMS secondo cui l’aborto farmacologico è un metodo sicuro che non necessita dell’ospedalizzazione: nel 2016 ha emanato

[36] https://www.regione.piemonte.it/web/pinforma/notizie/una-circolare-indirizzo-sullaborto-farmacologico

una direttiva con cui si indicava la RU486 quale procedura sperimentale, individuando un solo ospedale per provincia dove poterla somministrare.

Ricapitolando, dal 2016 la regione Marche ritiene che il parere dell'OMS, quello del ministero della Salute, dell'AIFA, del CSS, nonché i dati consolidati dall'esperienza di altri Paesi che usano la pillola RU486 da decenni non facciano testo: per chi la amministra, l'aborto farmacologico è una «procedura sperimentale».

Perché quindi nel nostro Paese le evidenze scientifiche non hanno ancora trovato lo spazio e soprattutto la volontà politica di garantire l'utilizzo di un farmaco che apporterebbe benefici al Servizio sanitario nazionale, alle donne e alle persone con utero che vogliono interrompere una gravidanza?

Perché tutti questi giochi di potere e questa propaganda sulla pelle delle persone? Se non ci sono motivi scientifici, allora è evidente che i motivi sono esclusivamente politici.

Perché dobbiamo avere a che fare ancora con la disinformazione che portano avanti i movimenti antiabortisti? La mancanza di una corretta informazione rappresenta un ostacolo, così come la definisce l'OMS, per l'accesso a un aborto sicuro, come lo è quindi la disinformazione che viene smentita puntualmente dalla comunità scientifica. Ci hanno pensato i ginecologi e le ginecologhe di SIGO-AOGOI-AGUI-AGITE, che hanno definito «un affronto oltraggioso, profondo ed indegno alla dignità delle donne e scientificamente non corretto» i manifesti di Pro Vita & Famiglia contro la RU486, quelli raffiguranti la donna morta dopo aver mangiato una mela, e hanno aggiunto: «Tutta la ginecologia italiana è profondamente colpita, amareggiata da questo manifesto con cui si è veramente toccato il fondo».[37] Ci ha pensato anche il Comitato scientifico di Europa Donna che il 26 aprile del 2024 ha rivolto un appello pubblico al ministero della Salute, il quale ahimè non ha risposto, affinché vigilasse sulle notizie diffuse dagli antiabortisti, che insinuavano l'esistenza di una correlazione tra aborto e cancro al seno: «Numerose pubblicazioni [...] hanno smentito l'esistenza di correlazioni tra l'interruzione volontaria di una gravidanza e un aumentato rischio di sviluppare cancro al seno, sia prima che dopo la menopausa [...] Siamo convinte che le donne abbiano diritto ad avere informazioni corrette sulla propria salute, ancor più quando si trovano a dover effettuare scelte così delicate, e che l'utilizzo delle evidenze scientifiche riportate in modo non corretto e parziale debba essere fortemente

[37] https://www.quotidianosanita.it/scienza-e-farmaci/articolo.php?articolo_id=90692

scoraggiato. Facciamo quindi un appello al ministero della Salute e alle sue istituzioni affinché il grande lavoro di ricerca, prevenzione, cura e informazione che la comunità scientifica, le istituzioni sanitarie e le associazioni svolgono quotidianamente, non sia annullato da informazioni deviate da motivazioni diverse da quelle scientifiche».[38]

Sono convinta che viviamo in una società in cui restituire alle donne il controllo sul proprio corpo fa ancora troppa paura. È parte integrante del meccanismo di potere non rendere autonome le nostre scelte: lasciare che noi donne possiamo abortire attraverso un farmaco, a casa, significa sottrarci e sottrarre i nostri corpi al potere di qualcun altro.

In Italia, per legge, si impone che sia un medico a far riflettere una donna che ha scelto di abortire; si dispone, in modo paternalistico, che le venga imposto di soprassedere per sette giorni, non ritenendo che possa avere già riflettuto, che abbia deciso di abortire con consapevolezza senza che l'autorità (meglio se quella di un uomo) le dica cosa sarebbe meglio per lei.

Perché non è accettabile pensare che siano le donne a decidere di sottrarsi al destino di diventare madri, per

[38] https://www.europadonna.it/wp-content/uploads/2024/04/Lettera-aperta-al-Ministero-della-Salute_26.04.24.pdf

loro definito immutabilmente dalla società patriarcale, senza scontare una pena e senza provare dolore, senza giudizio, senza colpa.

Le donne sono sempre le discendenti di Eva, nata dalla costola di Adamo; sono quelle che mangiano la mela facendo cacciare tutta l'umanità dal paradiso terrestre per l'eternità; sono quelle che dopo il primo morso cascano a terra addormentate mentre, intanto, la storia che porta il loro nome continua a svolgersi per i fatti suoi in attesa che un principe, senza consenso, le baci, al cospetto di altri sette piccoli uomini che vanno a farsi sfruttare in miniera cantando allegramente (ma questo è un altro discorso).

5.
Silenzio

Il giorno dopo aver abortito mi sono svegliata con l'animo leggero, sollevato.

Nonostante chi avevo incontrato lungo il percorso avesse fatto il possibile per rendere travagliata la mia scelta, la profonda consapevolezza che quella per me fosse la scelta giusta, una consapevolezza che ho avuto fin dal primo istante, mi ha dato sempre serenità. Quando ti ritrovi a un bivio, spesso entri in crisi, perché il dubbio ti lacera, i piatti della bilancia sono costantemente in bilico, ti convinci che dopo aver imboccato una strada piuttosto che un'altra non potrai più tornare indietro. Potresti sbagliare, forse sarebbe meglio fare il contrario. Ma non era questo il mio caso: io non mi sentivo così.

Pensavo di affrontare col medesimo stato d'animo anche quello che sarebbe accaduto poi, ovvero il racconto di quell'esperienza ad amici e amiche, ai conoscenti e a tutte le persone con cui avrei deciso di condividere quel passaggio della mia vita. Pensavo che avrei semplicemente raccontato cosa era successo e come ero stata. E io stavo bene, sollevata dal pensiero che per fortuna vivevo in un'epoca e in uno Stato nel quale avevo potuto, al netto di tutte le difficoltà, decidere della mia vita.

Quello stare bene non è da confondersi con una leggerezza che spesso viene associata, nella narrazione, alla superficialità: la superficialità con cui avrei avuto un rapporto sessuale, la superficialità con cui mi ero arrogata il diritto di decidere sulla potenziale esistenza di qualcun altro, la superficialità con cui avrei riferito la mia esperienza, la superficialità del mio stare bene.

Sono sempre stata perfettamente cosciente che parlare del proprio aborto, nel nostro Paese, sia ancora difficile, qualcosa con cui la nostra società non ha ancora fatto i conti, un tabù da rompere. Ma non mi ero mai spinta a pensare che dire "ho abortito" potesse smuovere giudizi, compassione, imbarazzo, distanza e, in qualche occasione, addirittura vergogna in chi mi stava ascoltando.

Oggi, grazie a Internet, è più facile cercare e trovare esperienze simili alle proprie e così, dopo aver interrotto la gravidanza, ho tentato di capire se c'era qualcun'altra che stava come me: bene, semplicemente bene.

Ho digitato le parole "ho abortito" e mi sono ritrovata a leggere sullo schermo espressioni come "superare il lutto", "sindrome da post aborto", "perdonarsi dopo l'aborto".

Se devo superare un lutto, significa che qualcuno è morto. Nel caso di un'interruzione volontaria di gravidanza, perché qualcun'altra, volontariamente appunto, lo ha ucciso. E chi è quindi colpevole del delitto? Sei tu, la donna o la persona con utero che ha abortito. Una serie infinita di frasi trite e ritrite per dirmi che non devo e non posso stare bene, non posso aver provato sollievo. Quel sollievo deve scomparire, devo sentirmi in colpa, pentirmi ed espiare la pena di un'eterna sofferenza. Solo così potrò essere perdonata.

Sono ancora serena dopo dieci anni? Potrei esserlo anche per venti, ma voglio convincermi che a un certo punto emergerà senza dubbio il senso di colpa che soffoco costantemente; che prima o poi crollerò, perché nessuno sfugge alla propria coscienza. È questo senso di colpa perenne che vogliono scaricarti addosso, vogliono che sia tu a provarlo. L'aborto dev'essere sempre un'esperienza dolorosa per ogni donna: "Quel bimbo di dieci anni oggi potrebbe essere il tuo, ma non esiste perché tu ti sei arrogata il diritto di non farlo esistere, di scegliere per la sua vita".

Poco importa se hai deciso per la tua.

In definitiva, ero andata a cercare esperienze simili alla mia e invece avevo trovato ancora una volta gente che voleva decidere per me, che voleva dirmi come avrei dovuto sentirmi: sbagliata, inadeguata, diversa, fuori dalla norma. Perché a chi ha abortito volontariamente non è concesso sentirsi come mi sentivo io: tranquilla, sollevata, perfettamente a mio agio nella mia vita.

L'idea che chi ha abortito debba sentirsi in colpa o in difetto appartiene in genere ad ambienti di destra, conservatori e cattolici. Ma non solo: anche tante donne di sinistra e progressiste, che si esprimono a difesa della libertà di aborto, usano argomentazioni legate al dolore e alla sofferenza. Sembra quasi che vogliano o debbano giustificare un gesto per loro estremo.

Barbara Alberti scrive su «L'Espresso», nel novembre 2022: «Gli antiabortisti dicono che l'aborto è un assassinio. Hanno ragione. Noi donne lo sappiamo bene. Ed è il più paradossale dei suicidi, la madre uccide sé. Sopprime il feto che è in lei, il germoglio, parte del suo corpo, non ancora bambino e già figlio. Essere tomba invece che culla. Non si guarisce dall'aborto. Se ne esce vive a metà. Portare un lutto segreto per sempre. Questo noi lo sappiamo. Nel millenario massacro dei nostri corpi, nel rimpianto che non dimentica. Solo le donne lo sanno [...] Le donne non vogliono abortire. Si assumono questo delitto per non commetterne un altro, fare un figlio che non si vuole. Solo la madre può decidere [...] Ma perfino chi lo vede come incidente e ostacolo, lo strappa da sé con dolore».[39]

Così pure Dacia Maraini, che dopo aver eletto papa Francesco a interlocutore in fatto di interruzione volontaria di gravidanza, gli indirizza una lettera che lascia veramente di stucco: «Le sue parole sull'aborto mi hanno stupita e addolorata. Non posso fare a meno di chiederle perché abbia usato termini così duri e punitivi. Vorrei solo ricordarle che nessuna donna ha piacere di abortire. Se lo fa è perché costretta da tante ragioni dolorose che lei dovrebbe conoscere, vista la grande e generosa capacità di ascolto e di comprensione che ha sempre dimostrato».[40]

Non so se tra le tante ragioni dolorose abbia pensato anche alla possibilità di non voler diventare madre, e

[39] https://lespresso.it/c/opinioni/2022/11/17/solo-le-donne-sanno-cosa-e-laborto/29623

[40] https://27esimaora.corriere.it/18_ottobre_16/caro-papa-ogni-donna-l-aborto-sempre-dolore-bd46a09c-d18a-11e8-81a5-27b20bf95b8c.shtml

in ogni caso non so perché questa eventualità debba essere considerata per forza dolorosa.

«Se oggi l'aborto ha ripreso a salire è perché vi ricorrono le migranti che spesso non hanno gli strumenti culturali e sanitari per prevenire una gravidanza non voluta. Se parlasse con queste donne, Santità, saprebbe che ricorrono all'interruzione per paura, per povertà, per ignoranza. Mentre le donne italiane ormai sono in maggioranza più aggiornate e sanno come evitare una maternità non voluta.»

In questa lettera, oltre all'asfissiante narrazione dell'ineluttabile sofferenza, c'è anche un altro passaggio che mi ha colpita molto: quello sulle donne migranti. Vengono colpevolizzate, ignorando il fatto che non dispongono di alcuna rete di cura e di ascolto, se non quella delegata ad associazioni o realtà che lavorano a loro supporto, che grazie alla volontà di chi ci lavora hanno arricchito i servizi dei loro spazi, sopperendo alla mancanza, ad esempio, di servizi di mediazione culturale o di informazioni multilingue. Perché quando parliamo di aborto teniamo sempre ben presente che sono tante le discriminazioni che ancora oggi esistono ed escludono, che sono tante le soggettività e le persone che non vengono nemmeno citate, che restano invisibili, delle cui difficoltà non si parla mai abbastanza. Arrivare in un presidio per avere accesso all'aborto e non riuscire ad avere un'adeguata informazione perché manca un mediatore o una mediatrice culturale è discriminazione; dover affidarsi quasi ciecamente senza avere piena contezza di quello che ti sta accadendo è discriminazione; se non hai nemmeno la possibilità di scegliere di abortire con il metodo farmacologico perché la lingua con cui ti è stato presentato il percorso è una lingua che non conosci, è discriminazione. E tutto questo accade anche quando gli spazi e i luoghi non sono accessibili alle persone con disabilità, questo accade anche quando si vorrebbe negare che pure le persone trans abortiscono, perché troppo spesso nemmeno vengono nominate quando parliamo di aborto. Tutto questo è violenza e discriminazione.

Non hanno fatto mancare il loro supporto alla narrazione del dolore e della sofferenza neanche alcune consigliere comunali del PD romano che nel 2018 contestarono i cartelloni dell'associazione Pro Vita & Famiglia, che ritraevano un feto di undici settimane con queste parole: «Un messaggio forte e doloroso sulla pelle delle donne. Il maxi manifesto contro l'interruzione volontaria della gravidanza offende la scelta delle donne di abortire, una scelta sempre sofferta e dolorosa».

Sicuramente sono esponenti politiche con le quali condivido in gran parte le posizioni sul tema, ma perché imporre l'idea che l'aborto sia una scelta "sempre sofferta e dolorosa"? Perché accettare l'idea che si possa abortire solo in casi estremi e non per scelta personale? Perché accodarci a una narrazione che ha, come unico scopo, quello di colpevolizzarci e umiliarci? Di silenziarci?

"Io non mi sono uccisa e non ho ucciso, mi sento pienamente viva e non guarita dall'aborto, perché non ho mai pensato di essere malata, non sono autolesionista e quello che mi avrebbe davvero fatto soffrire sarebbe stato non averla, questa libertà, perché io ho scelto di abortire."

Ecco ciò che mi ripetevo quando mi trovavo davanti a simili tentativi di marginalizzazione e, tempestata da tali messaggi, iniziavo a temere che la mia serenità fosse un errore.

Io che, se ripenso al mio aborto, non sperimento tutto questo carico di dolore e sofferenza, chi sono? Una specie di automa? Come me ci sono tantissime altre donne e persone che lo hanno vissuto così.

Ho cominciato a sentirmi a disagio non per la scelta di aver interrotto una gravidanza, che mai ho messo in discussione, ma per il sollievo che ho provato in seguito. E non perché stessi realizzando l'esistenza di un trauma nascosto nel mio subconscio che piano piano riaffiorava, ma perché mi sembrava che chiunque, a parte me, associasse la parola "aborto" a uno stato d'animo negativo. Quindi forse ero io a essere diversa e fuori luogo. O fuori dal tempo.

C'era un antidoto per evitare tutto questo, per evitare di sentirsi sbagliata: il silenzio.

Evitavo di raccontare così evitavo di rispondere, evitavo il giudizio sociale che sapevo essere dietro l'angolo. Non solo quello di chi mi avrebbe bollata come assassina, ma anche quello di chi mi avrebbe rivolto uno sguardo compassionevole.

E in quella sorta di autocensura riemergevano i gesti di violenza che avevo subito. Prima di interrompere la gravidanza, pensavo solo di dover arrivare in fondo alla mia scelta. La ginecologa obiettrice, gli incontri fatti al consultorio, l'aver dovuto ascoltare il battito del feto mi avevano senza ombra di dubbio destabilizzata. Ma non avevo realizzato che si era trattato di violenza; a distanza di tempo, invece, so che quegli atti vanno definiti e nominati per quello che sono: violenze, appunto. Avevo dovuto sopportare parole e gesti non desiderati, che non avevano alcuna giustificazione medica o scientifica, non utili, anzi pericolosi e dannosi. Ma non parlavo di nulla, mi tenevo tutto dentro. Pensavo di non poter permettere a me stessa di stare bene.

Quante volte, quante donne sono state costrette al

silenzio, meschinamente provocato, imposto, talvolta fatto passare addirittura come un nostro atto volontario e consapevole.

Il silenzio di chi doveva e deve fingere di non avere desideri sessuali, per non essere considerata una "puttana"; il silenzio sulla masturbazione femminile, mentre di quella maschile gli uomini parlano spesso tra loro, specialmente dal momento della scoperta del proprio corpo; il silenzio sulle mestruazioni che nemmeno si devono nominare; il silenzio delle donne che subiscono violenza e diventano oggetto spesso di un'assurda e intollerabile vittimizzazione secondaria, una colpevolizzazione per quello che hanno subito che tende sempre a trovare una giustificazione ai violenti; il silenzio di chi sacrifica il proprio percorso di vita, mettendo davanti alle proprie aspirazioni quelle del compagno, le esigenze della famiglia, il carico di cura, perché il ruolo delle donne nella società patriarcale è quello di essere madri, dunque tutto il resto può essere considerato come un vezzo egoistico, quando non è necessità; il silenzio delle donne che devono assecondare i desideri del partner, nonostante l'unica cosa al mondo che vorrebbero, dopo una giornata pesante, sarebbe dormire nel proprio letto con le gambe rannicchiate l'una sull'altra; il silenzio sull'aborto.

Nel frattempo i nostri silenzi sono stati usati come

carburante per mandare avanti un mondo degli uomini e per gli uomini. E in quel silenzio mi sono rifugiata troppo spesso anch'io.

Quante ne ha sentite, quel vecchio scoglio del lungomare di Napoli, tormentato dalle onde! Quanta gente ha visto passare, quante storie in quante lingue. Da una parte sente la cantilena delle onde e vede il riflesso della luna specchiato sull'acqua; dall'altra, la strada, la musica, gente che divora hamburger, cameriere e camerieri che sembrano danzare tra i tavolini con vassoi carichi di birra.

Io ero una di loro. Non so se la mia sembrasse una danza, ma quel che è certo è che eravamo sempre in movimento. Quando il ristorante era pieno, e quella sera lo era davvero, non c'era un secondo per prendere fiato.

In mezzo a quell'orda assetata e affamata, tra un ordine e l'altro, scorgo un volto familiare: il medico che mi ha operata, il medico con cui ho abortito. Mi passa accanto Stefania, una mia collega.

«Oh, ma ti sei incantata?»

«No, eccomi. È che ho visto un medico che conosco» mi riscuoto.

«Qual è?» chiede lei.

«Quel signore là con gli occhiali e la giacca, mi ha operata tempo fa.»

Stefania si blocca, lo guarda, i suoi occhi mutano espressione.

«Anche tu?» mi sorride.

Mi giro di scatto verso di lei, e ricambio il sorriso.

La serata prosegue come sempre. Hamburger, birra e musica.

Il vecchio scoglio sempre lì fermo, ogni notte, osserva i locali svuotarsi, la musica lasciare spazio allo sciabordio delle onde, le luci spegnersi una alla volta. Quella sera però vede anche due donne venire verso di lui, due donne che si scambiano una sigaretta, come mai avevano fatto fino ad allora. Due donne che parlano di loro. Serene e calme come il mare quella sera. E solo quello scoglio sa ciò che si sono dette.

Era la prima volta che riparlavo del mio aborto. E per molto tempo è stata anche l'unica, fuori dalla cerchia ristretta dei miei affetti.

Custodivo la mia serenità non parlandone.

Ho continuato i miei studi, mi sono laureata, ho vissuto la mia relazione, ho intensificato il mio impegno politico nel Movimento 5 Stelle di Napoli.

Alla fine del 2017, ho deciso di candidarmi alle primarie interne del Movimento per la composizione delle liste della Camera dei deputati. Sono stata la donna più votata e sono stata quindi inserita dopo Roberto

Fico nella graduatoria dei candidati e delle candidate del mio collegio. Dunque, ero entrata nel “listino”, in una posizione molto favorevole per poter ambire all’elezione alla Camera.

Erano giorni molto concitati ed emozionanti.

Come spesso accade nella vita, quando non succede nulla, succede ancora meno; quando succede qualcosa, succede tutto insieme.

Quella volta non ero a casa sul divano ad aspettare un ciclo che non arrivava.

Quella volta andai a comprare il test di gravidanza quasi con la certezza che sarebbe stato positivo.

E quando vidi le due lineette colorarsi, ero felice.

Perché in quel momento c’era posto nella mia vita per un figlio, per una figlia. Perché in quel momento sì e qualche anno prima no? Non devo dare alcuna motivazione. Semplicemente, nel 2018, a trentun anni, guardavo quelle due lineette ed ero felice.

Invitai per una pizza le amiche e gli amici più stretti del Movimento: gli dissi che avevo una bella notizia e un’altra un po’ più inaspettata. «Sono incinta.» Baci, abbracci, congratulazioni. «La seconda notizia è che vorrei ritirare la candidatura.» Non me la sentivo di affrontare un cambiamento così radicale in un momento del genere. Avevo un lavoro come educatrice presso un centro di accoglienza per donne e minori migranti che mi piaceva, eravamo riusciti con grande fatica, grazie a un mutuo, a comprarci una casa. La mia vita mi stava bene com'era e volevo concentrarmi su quello che avrei dovuto affrontare. Ne parlai insieme a loro, i compagni e le compagne di un percorso che durava da anni, le persone con cui immaginavo un futuro diverso per la nostra città, per il nostro Paese. Trovai in loro un grande supporto e un incoraggiamento ad andare avanti. La verità è che fui spaventata da tanti cambiamenti. Mi presi qualche giorno, mi organizzai con la mia famiglia e decisi di portare avanti la candidatura.

Stavo bene, tranne le naturali nausee e un po' di vomito, nulla di comparabile, nemmeno alla lontana, alla prima gravidanza. Continuavo a lavorare e nel frattempo facevo campagna elettorale. Fu un inverno insolitamente freddo a Napoli. Ma a ogni incontro c'erano tantissime persone, l'entusiasmo era pazzesco. Man mano che ci si avvicinava alle elezioni, la possibilità che sarei stata eletta era sempre più concreta. E nel frattempo vivevo con altrettanto entusiasmo e curiosità la mia gravidanza.

L'ultima settimana di campagna elettorale coincideva col periodo in cui avrei dovuto fare un'ecografia di controllo. In sala d'attesa ero persa tra mille pensieri, e l'agitazione si faceva sentire. Poi arrivò il mio turno. Il medico, gentile e professionale, iniziò a visitarmi e a prepararmi all'ecografia. Non ero particolarmente emozionata, curiosa ma non emozionata.

Capii subito che qualcosa non stava andando per il verso giusto. Il medico mi guardò con l'aria di chi ti deve dare una brutta notizia: il battito non si sente, questa gravidanza non va avanti. Purtroppo bisognava intervenire.

Non mi ricordo cosa ho provato in quel momento. Come mi accade in casi simili, è come se si avviasse in me una specie di pilota automatico che pensa solo a quello che bisogna fare per arrivare a destinazione.

Ho partecipato agli ultimi giorni di banchetti e comizi, immersa nella gioia di una comunità politica che stava per trionfare in tutto il Paese. Non ho detto nulla alle mie compagne e ai miei compagni di avventura. Non volevo infondere malinconia nelle ultime ore che ci separavano dalle elezioni. Fuori l'euforia, dentro di me dolore e tristezza.

La notte dello scrutinio mi sono presentata al seggio come rappresentante di lista. Le operazioni di voto si sono concluse verso le tre di notte. Ero diventata deputata della Repubblica. Tutti e tutte mi volevano fare festa e si congratulavano con me, mi abbracciavano e mi sorridevano. Io avrei voluto solo stare a casa a piangere.

Alle sette di quella mattina, poche ore dopo aver lasciato il seggio, sono andata in ospedale per effettuare l'operazione. Questa volta non era per mia scelta. Questa volta, uscita dall'ospedale, ero senza energia, fisicamente e moralmente. Ricevevo decine di telefonate di amiche, amici, giornalisti e giornaliste che volevano congratularsi. Rispondevo come se avessi inserito una sorta di messaggio registrato di ringraziamenti preconfezionati. Avevo di fronte a me una decina di giorni prima di iniziare il mio nuovo lavoro da deputata: pensavo mi sarebbero serviti per trovare una casa a Roma con una stanza in più, per cercare una babysitter disponibile da lì a qualche mese, per informarmi sugli asili nido. Invece sono stati solamente divano, lacrime e pensieri tristi. Terreno fertile per far esplodere insicurezze, per ripetermi in testa tutto quello che mi era stato detto qualche anno prima: "E se poi non potrai mai più avere figli?", "Te ne pentirai", "Stai commettendo un abominio".

Mentirei se non dicessi che mi sono sentita profondamente confusa, che ancora una volta quelle parole e quegli atteggiamenti sono stati fonte di dolore e che mi è servito del tempo e tanto lavoro su me stessa per dar loro un nome. Ho pensato alla regola non scritta di non rivelare che sei incinta prima dei tre mesi. Perché si fa? Per la difficoltà di dover poi eventualmente dire che le cose non sono andate bene. Per paura di dovere in qualche modo giustificare la perdita. Per timore che poi qualcuno pensi: "Certo, se si fosse fermata un po'...", "Sapeva di essere incinta e continuava a lavorare?", "I primi tre mesi devi stare il più possibile a riposo". Perché mai avrei dovuto restare zitta per tre mesi? L'unica cosa che mi ha sempre fatta stare meglio è stato romperlo quel silenzio, condividere.

Mai, neanche in quei giorni, ho provato rammarico per la mia scelta di qualche anno prima. Qualcuno di fanatico potrebbe anche pensare a una punizione divina nei miei confronti. Io non mi sono mai pentita. Ma mi rendo conto di essere stata soltanto a un passo dal baratro dei sensi di colpa indotti. Sono riuscita a mantenere l'equilibrio in quei giorni non so neanche io per cosa, se per educazione, formazione, consapevolezza. Davvero non lo so. Se penso alla me stessa di allora, vedo un'equilibrista che cammina su un filo sottilissimo, che cerca di bilanciare il suo peso con le braccia spalancate perché il filo si muove sempre di più; lei rimane ferma in attesa che l'oscillazione si blocchi, poi fa un bel respiro e riprende lentamente il passo. Sarebbe bastato un refolo di vento leggerissimo per cadere. E c'è tantissima gente che sta lì e soffia, per farci cadere nel burrone del rimorso, del senso di colpa, della vergogna.

Che tu sia una "donna che ha abortito volontariamente" o una "donna che ha perso un figlio" (come se fossi particolarmente distratta, per dirla con De André), devi vivere tutto questo con dolore e in silenzio, non hai il permesso di essere serena e di parlarne. Devi sorbirti i cimiteri di feti; devi sorbirti le persone che vogliono convincerti che avevi in corpo una creatura, i cartelloni che raffigurano con le sembianze surreali di un bambino, cancellando il corpo delle persone gestanti, come se la donna e la persona all'interno della quale si trova l'utero in questione non esistesse, come se non meritasse neanche di essere visibile. Devi sorbirti persone che vogliono convincerti che tutto questo riemergerà dagli anfratti della psiche in cui lo vuoi relegare perché nel frattempo hai deciso di vivere, di lavorare, di divertirti, di fare l'amore, di dedicarti al tuo lavoro, di avere dei figli, perché no?

Come se portare avanti la tua vita fosse solo un modo per distrarti dall'omicidio che hai commesso e allora non resta che stare in silenzio e vergognarti. Se proprio ci tieni a parlarne, devi raccontarci il tuo dolore, le ore drammatiche in cui non sapevi cosa fare. Lo hai fatto perché purtroppo intorno a te non avevi nessuno che ti desse delle spiegazioni, nonostante il medico ti avesse pure imposto sette giorni per riflettere come prevede la legge… d'altronde mica ci avevi già pensato da sola a riflettere, doveva dirtelo il medico, perché fondamentalmente sei una deficiente, un'irresponsabile, che fa sesso con il primo che passa. Se proprio ci tieni a parlarne, ci devi dire anche quanto sei stata male dopo: qualcuno si è persino inventato la "sindrome post aborto", pazienza se l'OMS non la riconosce, tu devi parlare di aborto solo per dirci che se potessi tornare indietro non lo rifaresti. Tu devi vivere nella vergogna, perché la vergogna marginalizza, e se non ti marginalizzi da sola allora ti marginalizziamo noi, con mille trasmissioni tv, film, articoli, in cui assoceremo sempre la parola aborto a dramma, sofferenza, colpa. Tu non hai il diritto di essere serena e di dire al mondo che non hai sofferto quando hai abortito.

Avevo vissuto e stavo vivendo su me stessa tutto il peso di questa narrazione, eppure non l'avevo lucidamente e razionalmente compreso. Quando sono diventata deputata, mi sono occupata da subito di questi temi, dalla somministrazione della contraccezione d'emergenza nei consultori, dall'obiezione di coscienza alla salute riproduttiva e sessuale e all'aborto farmacologico, e sono arrivata a comprendere fino in fondo quanto il binomio aborto/sofferenza sia funzionale alla società patriarcale in cui viviamo.

Testimonianze, esperienze di mutuo aiuto e storie condivise come quelle di Obiezione Respinta e IVGstobenissimo di Federica di Martino sono state come fari nel buio della notte. Quanto avrei voluto incontrarle prima sulla mia strada.

Una delle letture in cui mi sono rivista, sentendomi in pace, è stata *Aborto. Il personale è politico* di Pauline Harmange,[41] in cui la scrittrice racconta del suo aborto e delle emozioni che ha provato, in un contesto, quello francese, completamente capovolto rispetto al nostro. Pauline Harmange racconta di quanto non sia riuscita a parlare del suo aborto per molto tempo, perché le mancavano i luoghi in cui condividere la sua esperienza che, a differenza della mia, è stata un'esperienza di dolore.

Gli spazi di condivisione sono fondamentali, spazi in cui possano essere accolte tutte le testimonianze, senza alcun giudizio, solo accoglienza. Nessuna voce va censurata: né quella di donne e persone che come me hanno provato sollievo, né quella di chi ha sofferto. Gli aborti sono tanti e tutte le emozioni sono legittime, perché mai qualcuno dovrebbe permettersi di giudicare come ci sentiamo?

Ho cominciato a portare avanti queste lotte in ogni discorso, in ogni intervento che facevo sul tema sempre parlando in termini politici e mai personali. Quella

[41] Pauline Harmange, *Aborto. Il personale è politico*, Mimesis Edizioni, Milano 2023.

vocina che ancora mi sussurrava di non parlare della mia esperienza continuava a resistere e a esistere.

Nel 2023, mentre scorrevo sul mio cellulare le solite decine di lanci di agenzia, mi sono imbattuta in una dichiarazione della ministra per la Famiglia, la natalità e le pari opportunità del governo Meloni, Eugenia Maria Roccella: «L'aborto è una delle libertà delle donne? Purtroppo sì, purtroppo».

A parlare non era solo un'esponente ortodossa delle associazioni antiabortiste, ma una ministra della Repubblica, la ministra delle Pari opportunità.

Com'era possibile dichiarare una cosa tanto grave con una tale disinvoltura, senza percepire di aver superato un limite invalicabile? Sdegnata, continuavo a leggere e rileggere quella notizia e, tra me e me, dicevo: "Vergogna, che vergogna".

E da quel sussurrarmi "vergogna", dal ripetere furiosamente quella parola, dal suo significato autentico, è scaturito, come un lampo, un pensiero immediato.

La ministra Eugenia Roccella non provava alcuna vergogna; io, donna che aveva abortito, secondo lei, secondo quella cultura che lei rappresenta, avrei invece dovuto? È stato allora che ho percepito, più forte che mai, l'urgenza di spalancare la gabbia morale in cui vogliono rinchiuderci. Non sapevo ancora come e quando avrei tirato fuori tutto quello che mi stava nascendo dentro. Ma sentivo che prima o poi sarebbe accaduto. Perché è solo chi vuole toglierci il diritto di scegliere sui nostri corpi che deve provarla, la vergogna.

6.
Ho abortito

Gilead, lo Stato immaginario in cui si svolge *Il racconto dell'ancella*,[42] romanzo di Margaret Atwood da cui è stata tratta l'omonima serie televisiva, *The Handmaid's Tale*, è la repubblica creata dalle ceneri degli Stati Uniti d'America dopo un colpo di Stato realizzato da un gruppo di fondamentalisti religiosi d'ispirazione cristiana. In questa ambientazione distopica, dopo una guerra che ha provocato una grave crisi climatica, la fertilità è crollata vertiginosamente, dunque il problema principale del regime totalitario che governa Gilead è quello delle nascite. I posti di potere sono occupati solo dagli uomini, mentre le poche donne fertili diventano ancelle delle famiglie dei comandanti (così vengono chiamati coloro che occupano i posti apicali della socie-

[42] Margaret Atwood, *Il racconto dell'ancella*, Ponte alle Grazie, Milano 2017.

tà) e vengono relegate in uno stato di semiprigionia e schiavitù. Il loro destino è quello di essere stuprate dal comandante con l'unico scopo di procreare.

Sia mentre leggevo il libro che quando guardavo la serie provavo l'inquietudine di percepire questa realtà distopica non come fantascienza, ma come la rappresentazione dell'oppressione e della cultura patriarcale. Nelle scene che raccontano, prima del colpo di stato, le manifestazioni di protesta contro questo movimento politico teocratico che sta prendendo sempre maggiore spazio, le facce, i cartelli, gli slogan sono davvero troppo simili a quelli che potremmo incontrare nella nostra realtà. L'inquietudine diventava timore.

Gilead non esiste esattamente così com'è stata rappresentata, almeno non in maniera così amplificata, ma in alcuni Paesi le condizioni violente in cui sono costrette a vivere persone ai margini della società non sono poi così diverse. Penso alle bocche cucite delle ancelle e alle nuove leggi discusse in Iran che introducono il divieto per le donne di parlare in pubblico, cantare, pregare tra loro; penso alle mutilazioni genitali, inflitte nella serie, di cui sono vittime ancora milioni di donne nel mondo;[43] penso ai cartelli esibiti da alcuni manifestanti in un'università del Texas, nel periodo storico in cui Trump

[43] https://www.amnesty.it/pubblicazioni/le-mutilazioni-genitali-femminili-scheda-didattica/

diventa di nuovo presidente degli Stati Uniti d'America, con la scritta "Women are property", le donne sono una proprietà, come una macchina, come la terra, come un oggetto. Io non vivo a Gilead, eppure continuo a sentire l'eco di un mondo che amplifica l'orrore che già esiste, il terrore di un mondo in cui non c'è spazio per le donne in nessun posto se non nei luoghi della casa, della cura, della maternità e del silenzio.

Ecco perché Gilead era nella mia mente.

È necessario ripercorrere cronologicamente alcuni fatti che definiscono il panorama politico del nostro Paese nel 2024.

Il 25 settembre 2022, la coalizione di centrodestra ha vinto le elezioni politiche. Fratelli d'Italia è risultato il partito più votato e la sua leader, Giorgia Meloni, è diventata la prima donna presidente del Consiglio della Repubblica italiana.

Gli ambienti di destra, ma più in generale i principali organi di stampa e mediatici, hanno subito creato una narrazione secondo cui proprio la destra, tanto demonizzata perché tacciata di essere reazionaria rispetto ai diritti delle donne, è la prima parte politica che esprime una presidente del Consiglio donna. Dal canto suo, Giorgia Meloni, per mettere le cose in chiaro e frenare sin da subito gli entusiasmi, ha imposto all'indomani della sua nomina che l'esatta denominazione per definirla non sarebbe stata "la" presidente del Consiglio ma "il" presidente del Consiglio. Ha ribadito dunque di essere una donna che si vuole presentare usando il maschile. E già questo sarebbe dovuto bastare per stroncare sul nascere le rivendicazioni provenienti da destra sul traguardo storico raggiunto.

Come ministra (o come si autodefinisce lei, "ministro") per la Famiglia, la natalità e le pari opportunità è stata designata Eugenia Maria Roccella.

Anche qui si noti la scelta, ovviamente non casuale, della denominazione del ministero delle Pari opportunità: a quest'ultima dicitura si antepongono due parole, "famiglia" e "natalità", che di per sé sono già delle linee ideologico-programmatiche.

Se chi non conosceva la ministra Roccella fosse andato a leggere la sua biografia su Wikipedia, probabilmente avrebbe fatto un balzo dalla sedia: negli anni Settanta è stata un'attivista femminista negli ambienti universitari romani, candidata nel Partito radicale, autrice di un libro intitolato *Aborto: facciamolo da noi*.[44]

"Il governo più a destra della storia repubblicana nomina ministra delle Pari opportunità un profilo del genere?" sarebbe venuto da chiedersi. Ma andando

[44] Adele Faccio, Eugenia Roccella, *Aborto: facciamolo da noi*, R. Napoleone, Roma 1975.

avanti nella lettura, ci si sarebbe resi subito conto che non c'è assolutamente niente di sorprendente e che la ministra Eugenia Roccella rappresenta una delle esponenti più intransigenti di questo governo; sparita poi dai radar della politica negli anni Ottanta, ritorna sulla scena negli anni Novanta.

Oltre ad aver scritto il già citato libro *La favola dell'aborto facile. Miti e realtà della pillola* RU*486*, in cui definisce la RU486 «un enorme inganno, terrificante per le donne», nel 2007, insieme all'ex segretario generale della CISL Savino Pezzotta, è stata portavoce del Family Day, la manifestazione in difesa della "famiglia tradizionale" contro il progetto di legge che mirava a riconoscere i diritti e i doveri delle persone stabilmente conviventi (denominato DICO), un predecessore delle unioni civili.

Nel 2011, a proposito di famiglia tradizionale e di diritti delle donne, la ministra Roccella ha firmato, insieme a Roberto Formigoni e altri, una lettera aperta pubblicata dal settimanale «Tempi» per chiedere ai cattolici e alle cattoliche del nostro Paese di sospendere ogni giudizio morale nei confronti di Silvio Berlusconi, indagato dalla procura di Milano per concussione e favoreggiamento della prostituzione minorile.

Ecco, ora tutto torna.

Gilead è ancora lontano, eppure si iniziano a scorgere dei segnali che sembrano portare in quella direzione. Forza Italia, teoricamente partito che dovrebbe ispirarsi ai valori liberali e non di estrema destra, ripropone anche in questa legislatura, come nella scorsa, un testo a prima firma Maurizio Gasparri, capogruppo al Senato, che prevede il riconoscimento della capacità giuridica del concepito;[45] Gasparri presenta anche la proposta di legge per istituire il reddito di maternità per «scoraggiare l'aborto legato a cause di disagio economico e sociale».[46]

Il suo omologo capogruppo della Lega, Massimiliano Romeo, deposita un testo in cui c'è scritto: «Il concepito è riconosciuto quale componente del nucleo familiare a tutti gli effetti».[47]

Si unisce al coro di quelli che vorrebbero attaccare le nostre esistenze il senatore di Fratelli d'Italia Roberto Menia, che con un disegno di legge chiede la modifica dell'articolo 1 del Codice civile in materia di riconoscimento della capacità giuridica a ogni essere umano, specificando che tale riconoscimento deve avvenire dal concepimento, non dalla nascita.[48]

45 https://www.senato.it/leg/19/BGT/Schede/Ddliter/55344.htm#
46 https://www.senato.it/leg/19/BGT/Schede/Ddliter/58344.htm
47 https://www.senato.it/leg/19/BGT/Schede/Ddliter/testi/55190_testi.htm
48 https://www.senato.it/leg/19/BGT/Schede/Ddliter/56431.htm

Tre progetti di legge che sostanzialmente vieterebbero l'aborto in Italia, a firma di tre uomini, due dei quali capigruppo (Gasparri e Romeo) di due dei tre partiti al governo. Non esattamente gli ultimi arrivati, insomma.

Infine abbiamo la proposta della senatrice di Fratelli d'Italia Isabella Rauti per l'istituzione della "Giornata del nascituro",[49] una proposta a cui si accompagna quella depositata alla Camera dalla deputata Carolina Varchi (ricordata pure per aver introdotto il reato universale per la gestazione per altre)[50] che vorrebbe istituire la "Giornata della vita nascente" per «promuovere il valore sociale della maternità» e «un adeguato sostegno da parte delle politiche pubbliche, oltre che di una cornice culturale che sappia accompagnare il desiderio di maternità e di paternità e non, come troppo spesso accade oggi, scoraggiarlo o ridurlo a una scelta esclusivamente individuale e privata».[51] Il vero obiettivo è fondamentalmente questo: la maternità non deve essere una scelta privata, ha a che fare invece con la nazione, con la patria, con la capacità di riproduzione che in qualche modo non dovrebbe appartenerci.

[49] https://www.senato.it/leg/19/BGT/Schede/Ddliter/55882.htm
[50] https://www.gazzettaufficiale.it/eli/id/2024/11/18/24G00187/sg
[51] https://www.camera.it/leg19/126?tab=&leg=19&idDocumento=798&sede=&tipo=

Tutto ciò, al momento della scrittura di questo libro, non ha avuto un seguito di discussione nelle aule parlamentari, sebbene, in particolare per l'istituzione della Giornata della vita nascente, ci siano state proposte di legge depositate da molti gruppi politici non solo a destra; eppure tutto questo rappresenta un chiaro posizionamento politico, nonché un segnale micidiale per le donne e per le persone con utero di questo Paese: se abortisci, per gran parte della maggioranza politica attualmente al governo, elimini un soggetto che ha capacità giuridica. Dunque, uscendo dal lessico giuridico, uccidi una persona, sei un'assassina.

Ecco qual era il clima politico che si respirava fin dall'inizio di questa diciannovesima legislatura. Il 13 marzo 2024, io e il mio collega Andrea Quartini in occasione di un question time (un'interrogazione a risposta immediata tra Parlamento e governo, in cui quest'ultimo è obbligato a rispondere) abbiamo chiesto alla ministra Roccella cosa intendesse fare per affrontare il problema della scarsità del personale non obiettore e tutelare così il diritto di noi donne e persone con utero alla salute e all'autodeterminazione.

La risposta della ministra è stata per me stupefacente.

Riporto dal resoconto stenografico della seduta.

> [...] la relazione ci informa anche che per ogni 1.000 nascite, si conta 1 punto nascita; mentre, per oltre 1.000 aborti volontari, si contano 5,3 punti per l'interruzione di gravidanza. In proporzione, quindi, esistono più punti IVG che punti nascita e questo dato, oltre a restituire una media generale, è confermato anche dalla disamina della situazione a livello territoriale, dalla quale emerge che in 6 regioni il numero assoluto di punti IVG è superiore a quello dei punti nascita: Liguria, Emilia-Romagna, Sardegna, Toscana, Umbria e Marche, e in 3 regioni è uguale, Val d'Aosta e Abruzzo o, molto simile, come in Piemonte. Lo stesso parametro può essere verificato a pagina 66 per ciascuna regione, mentre l'Appendice A, a pagina 72, riporta i dati per ciascuna struttura sanitaria in cui si effettua l'interruzione di gravidanza e non c'è nessuna regione che si discosti in modo significativo dalla media che abbiamo riferito.
> Dati così coerenti e così granulari, consultabili da chiunque, aiutano a capire come mai, pur a fronte di un numero assai alto di contenziosi in tutti i settori del sistema sanitario, non si sia a conoscenza di contenziosi giudiziari per mancata applicazione della legge n. 194 del 1978.[52]

Mentre l'ascoltavo, iniziava a ribollire dentro di me una rabbia impetuosa, che ho faticato a reprimere

[52] https://www.camera.it/leg19/410?idSeduta=0261&tipo=stenografico#sed0261.stenografico.tit00040.sub00090.int00060

nella replica che, da regolamento, dura solo due minuti.

> Ministra, ma in che mondo vive, che mondo è il suo? Perché a me sembra un mondo al contrario. Lei, oggi, viene in Aula e ci viene a dire che è più difficile partorire che accedere all'IVG? Ma lei lo sa che nel nostro Paese succede proprio il contrario? Ma lei lo sa che una donna su tre in Basilicata, una su tre, lo ripeto, per poter accedere all'IVG legittimamente deve andare fuori regione? Lei lo sa che ci sono nove province in Italia in cui non è possibile abortire e bisogna andare fuori dalla provincia? Lei lo sa che le donne in Sicilia e anche in Calabria devono aspettare circa ventotto giorni per poter accedere a un intervento di IVG, ventotto giorni, e lei sa benissimo che abbiamo a disposizione pochissimo tempo per accedere a questa pratica? Lei lo sa quanti sono i medici obiettori di coscienza? A me non risulta che se una donna va in Veneto per partorire trova che il 71 per cento degli operatori sanitari è obiettore di coscienza, non mi risulta nemmeno che se va in Abruzzo e in altre regioni trova più dell'80 per cento di medici obiettori che, magari, le negano di partorire.
> Questo è il mondo in cui viviamo, ministra Roccella, non il suo e lei si deve ricordare che è la ministra delle Pari opportunità e lei deve garantire che le donne in questo Paese possano accedere all'IVG e

che l'aborto farmacologico venga erogato in tutti i consultori, così come prevede la normativa, così come il ministero della Salute ha stabilito nel 2020. Purtroppo, ancora oggi, nel nostro Paese, non viene somministrata la pillola abortiva. Ci sono regioni che hanno legiferato in contrasto, addirittura; ci sono associazioni antiabortiste che entrano negli ospedali e nei consultori, ci sono pratiche violente contro le donne, come quella di far ascoltare il battito fetale. Allora, guardi, ministra, se lei ancora non l'ha capito, la maternità e la genitorialità non sono le uniche strade percorribili e ogni donna ha il diritto, lo ripeto, il diritto di poter scegliere cosa vuol fare nella vita. E a lei, che ha idee confuse tra libertà e diritto, ricordo che nessuna libertà esiste se un diritto non viene garantito e che se il diritto non viene garantito le donne sono costrette, non sono libere di scegliere.
Prenda appunti, ministra, magari se lo ricorda e si ricorda di fare il suo dovere.

Le reazioni al mio intervento, che in poche ore è stato ripreso da alcune testate giornalistiche e condiviso sui social, hanno aperto uno squarcio su un mondo pieno di rabbia, fatto di silenzi, popolato da tante persone che in qualche modo quelle parole le hanno pronunciate insieme a me.

E, di lì a poco, lo avremmo fatto in maniera ancora più forte, perché solo qualche settimana dopo è accaduto l'inimmaginabile. Eccoci al decreto PNRR, di cui abbiamo parlato nel capitolo dedicato ai consultori, in discussione in commissione Bilancio.

Mi squilla il telefono. Olinda.

Olinda è la persona con cui collaboro da quando sono stata eletta: segue tutto il lavoro legislativo e tecnico con grande competenza, da anni si occupa della commissione Affari sociali. Lavora venticinque ore al giorno con una dedizione, un'attenzione e una capacità uniche. È straordinaria. Quando ci sono decreti di questo tipo arrivano migliaia di emendamenti da studiare spesso in poche ore. Il personale che si occupa del profilo legislativo è fondamentale per poter svolgere questo lavoro.

«Gilda, ti disturbo?» mi chiede.

«Olly, no, dimmi.»

«C'è un emendamento al PNRR allucinante. Vogliono far entrare gli antiabortisti nei consultori.»

Sto camminando per strada e a quelle parole mi blocco. «Stai scherzando?»

«Emendamento aggiuntivo all'articolo 44. Malagola di Fratelli d'Italia. Le regioni organizzano i servizi consultoriali nell'ambito della Missione 6, Componente 1, del Piano nazionale di ripresa e resilienza, anche con il coinvolgimento di soggetti del terzo settore che abbiano una qualificata esperienza nel sostegno alla maternità.»[53]

[53] https://documenti.camera.it/apps/emendamenti/getPropostaE-

Rimango in silenzio, poi chiedo, incredula: «Puoi rileggermelo per favore?».

Olinda ripete.

È davvero così. Fanno entrare gli antiabortisti nei consultori.

Non solo le donne e le persone con utero che vogliono interrompere la gravidanza devono far fronte a una vera e propria corsa a ostacoli per abortire: cercare un consultorio, imbattersi in luoghi depauperati di personale, affrontare l'obiezione, ascoltare il battito del feto, combattere contro lo stigma sociale.

Non solo devono, dobbiamo, provare tutto questo.

Dobbiamo anche, oggi, trovare nei consultori le associazioni che si definiscono pro-vita, come se il personale non obiettore e coloro che decidono di abortire fossero pro-morte.

L'emendamento viene ovviamente approvato, con una riformulazione da parte del governo, in commissione Bilancio.

La mia mente è tornata immediatamente ai giorni in cui avevo deciso di abortire, a quello che avevo vissuto, a come per anni avessi scelto il silenzio.

mendativa.aspx?contenitorePortante=leg.19.eme.ac.1752&tipoSeduta=1&sedeEsame=referente&urnTestoRiferimento=urn:leg:19:1752:null:null:com:05:referente&dataSeduta=null&idPropostaEmendativa=44.028.&position=20240325

Oggi sono una deputata, oggi ho una responsabilità, oggi ho un dovere.

Il regolamento della Camera prevede che il governo possa "mettere la fiducia" su un provvedimento. In questo modo, in Aula, non si può emendare un testo proponendo delle modifiche, ma si possono presentare degli "ordini del giorno", atti che diano cioè un indirizzo al governo rispetto ai provvedimenti futuri, nel momento in cui dovrà attuare quanto il Parlamento sta discutendo.

Dunque lo strumento che avevo a disposizione per arginare o bloccare quel provvedimento era un ordine del giorno.

Formulammo un testo con quattro impegni molto chiari:

1. potenziare e riqualificare l'attività dei consultori familiari nel territorio nazionale, garantendo un rapporto minimo di un consultorio – o di una struttura con il personale di un consultorio e svolgente le sue funzioni – per ogni 20.000 abitanti nei centri urbani, nonché di un consultorio ogni 10.000 abitanti nelle zone rurali;
2. garantire un'adeguata dotazione organica dei consultori familiari, assicurando la presenza di figure professionali non obiettrici di coscienza e in grado di garantire la giusta multidisciplinarietà;

3. potenziare il personale dei consultori, affinché per il post partum e per un periodo non inferiore ai tre anni di vita del figlio nato o adottato fosse garantito il sostegno ai nuclei familiari, anche tramite visite domiciliari del personale sanitario dei consultori;
4. introdurre misure per impedire l'accesso nelle strutture consultoriali a quegli enti del terzo settore che, ideologicamente orientati, tentano di negare le tutele sottese ai servizi che i consultori sono tenuti a garantire per avviare la procedura relativa all'interruzione di gravidanza.

Il 12 aprile la seduta d'aula prevedeva l'illustrazione degli ordini del giorno. Ho preso la parola, furiosa.

> Grazie, presidente. Intervengo oggi in quest'Aula perché è successo un fatto grave, gravissimo, durante i lavori sul decreto del PNRR. È stato approvato un emendamento che apre le porte dei consultori, laici e pubblici, alle associazioni antiabortiste. Un uomo di questo Parlamento ha presentato un emendamento con cui si decide che all'interno dei consultori possono avere libero accesso le associazioni antiabortiste per dire alle donne cosa devono fare sul loro corpo. Questa è fantascienza! Noi non accetteremo mai una norma del genere, non accetteremo mai che nessuno, uomo o donna che sia, venga a dirci che all'interno dei

consultori associazioni deliberatamente antiabortiste vengano a negarci dei diritti.
Vede, presidente, questo è un tentativo, l'ennesimo da parte di questo governo, di colpevolizzare le donne che decidono di abortire, che decidono di avere libera scelta sui propri corpi e sulle proprie vite. Questo tentativo di colpevolizzare l'avevamo già visto con le proposte di legge che chiedevano e che, anzi, obbligavano ad ascoltare il battito del feto. Notizia: bastava guardare una puntata di *Esplorando il corpo umano* da piccoli per avere chiara la situazione. Il feto non è un bambino: partiamo da questo assunto, così almeno sappiamo di cosa stiamo parlando tutti e tutte.
Ebbene, dopo la violenza di chiedere che le donne che decidono di abortire debbano ascoltare il battito del feto, oggi assistiamo a questa ennesima violenza, cioè l'ingresso delle associazioni antiabortiste nei consultori. I consultori sono depotenziati e definanziati, hanno bisogno di assunzioni, sono numericamente sottorappresentati sul nostro territorio e i soldi del PNRR non verranno usati per questo. Questo governo decide, dopo aver tagliato i fondi sulla salute e sulla sanità pubblica, di darli alle associazioni antiabortiste. Questa è la realtà dei fatti scritta nero su bianco.
Allora, presidente, dietro questo tentativo di entrare e invadere con tale violenza dei luoghi laici e pubblici come i consultori c'è, ovviamente, un'ideologia molto forte, quella che vede le donne unicamente proiettate e unicamente destinate alla maternità [...] ancora si

pensi che la maternità è l'unico destino possibile per le donne è veramente inaccettabile.
[...] oggi in Aula abbiamo sentito dire dal deputato Messina che è incredibile che stiamo facendo opposizione a una misura del genere, perché questo non significa essere contro la legge n. 194 (mi chiedo io allora che cosa significhi); lo stesso ha affermato che – leggo – si sta dando «un'opportunità soprattutto a quelle donne che molto spesso sono obbligate ad abortire perché non hanno un sostegno economico, perché non hanno nessuno in famiglia (...). Noi diamo alle donne l'opportunità della vita». Ma di che stiamo parlando? Io mi rifiuto di leggere parole del genere. A noi donne l'opportunità non ce la concede nessuno. Lo scegliamo noi se vogliamo essere madri in questo Paese. Mentre il Parlamento europeo decide e stabilisce che l'aborto è un diritto fondamentale, mentre Francia, Spagna e Germania legiferano per tenere fuori le associazioni antiabortiste dai consultori e dalle strutture pubbliche, qui facciamo il contrario. Ma dove viviamo? Mi sono svegliata a Gilead, stamattina? Io voglio dirle solo un'ultima cosa, presidente, perché il tempo a mia disposizione è quasi finito. Innanzitutto, vengo al sostegno economico. Per come è scritta questa norma, l'unico sostegno economico che c'è è quello che viene dato alle associazioni antiabortiste. Però, io vi do una notizia e mi dispiace che non ve ne siate ancora accorti dopo essere stati al governo tutto questo tempo e anche altre volte: guardate che si deve parlare di precarietà, di case, di emergenza abitativa, di asili

> nido. Questo significa parlare di natalità, questo dà veramente libertà di scelta. Concludo dicendo una cosa. Ci siamo sentiti dire tante volte che avere una donna presidente del Consiglio era una vittoria di tutti e di tutte, un fatto che finalmente ci proiettava nella modernità. Signori, ve l'abbiamo detto, ve lo ripetiamo e ce lo state dimostrando: di avere una presidente del Consiglio che è nata donna, ma sulle cui gambe viaggiano patriarcato, misoginia e odio per le donne non sappiamo che farcene![54]

Gilead era davvero più vicino quel giorno e mi venne spontaneo citarlo perché era proprio quello che stavo percependo: stavamo scivolando su un piano inclinato verso un mondo distopico che poteva sembrare lontano, ma che forse non lo era poi così tanto.

Lungo la strada di ritorno verso casa mi sono ritrovata a leggere tante reazioni di persone che anche in quell'occasione si erano ritrovate nelle mie parole. Speravo davvero che almeno l'ordine del giorno ricevesse un parere favorevole, che magari il governo avrebbe rilanciato proponendomi una riformulazione, come spesso avviene in questi casi.

Pensavo che l'iter parlamentare fosse finito, che questa battaglia dovessimo iniziare a combatterla anche fuori dal

[54] https://www.camera.it/leg19/410?idSeduta=0280&tipo=stenografico#sed0280.stenografico.tit00080.sub00010.int00100

palazzo. E invece la classe politica al governo è riuscita anche in quell'occasione ad andare oltre ogni immaginazione.

La mattina successiva è arrivato il parere all'ordine del giorno: contrario.

Tutti gli impegni che avevo chiesto al governo di assumere erano stati rigettati.

No, evidentemente non era ancora finita.

È stato un gesto di grande arroganza, uno schiaffo in faccia non a me ma a tutte, una dichiarazione di guerra: non ci interessa delle vostre manifestazioni, non ci interessa delle vostre proteste, non ci interessa della tutela della salute, del vostro diritto ad abortire. Noi andiamo avanti dritti per la nostra strada.

Arrivo in aula, piuttosto trafelata, non mi preparo nulla, nessun discorso.

Ordine del giorno n. 9/1752-A/67 Sportiello, il parere è contrario.

«Ha chiesto di parlare l'onorevole Sportiello. Ne ha facoltà.»

Mi alzo e la mia rabbia esplode.

> Sono due giorni che parliamo del vergognoso emendamento con cui questo governo ha deciso di aprire le porte dei consultori laici e pubblici – e lo ricordo ogni volta che nomino i consultori, così magari qualcosa

rimane – e sono due giorni che assistiamo attoniti alle giustificazioni e ai tentativi di arrampicarsi sugli specchi di questa maggioranza che ci dice: non capiamo tutto questo stupore e tutto questo clamore; stiamo solo applicando la legge n. 194.
Allora, oggi avete definitivamente calato la maschera con la contrarietà a quest'atto che vi ho presentato e vi spiego il perché. Innanzitutto, se la legge n. 194 già prevedeva la presenza delle associazioni antiabortiste nei consultori, mi spiegate perché dovevate fare un emendamento per ricordarlo? [...] Sapete perché avete calato la maschera? Perché vi chiedevo delle cose semplici con quest'ordine del giorno, non delle concessioni ma dei diritti di cui già vi dovreste occupare, primo su tutti potenziare la rete dei consultori sul territorio nazionale, garantendo il rapporto già previsto per legge. Voi ci avete detto "no". Vi abbiamo chiesto di aumentare il personale, garantendo la presenza di personale non obiettore per poter espletare tutti i servizi che i consultori devono rendere e voi ci avete detto "no". Vi avevo chiesto, con quest'ordine del giorno, di provvedere a un'assistenza post partum, anche a domicilio, per le donne che partoriscono, per tutte le famiglie, ma anche là voi ci avete detto "no". Infine, a far cadere la maschera c'è il fatto che vi avevo chiesto un semplice impegno che vi voglio leggere, perché questa vostra contrarietà, permettetemi di dirlo, è davvero meschina. Vi avevo chiesto di introdurre «misure che impediscano l'accesso nelle strutture consultoriali di quegli enti del terzo settore

che, ideologicamente orientati, tentino di negare le tutele sottese ai servizi che i consultori sono tenuti a garantire per avviare la procedura relativa all'interruzione di gravidanza». Voi ci avete detto "no", perché non sono le associazioni a tutela della maternità che voi volete nei consultori; sono gli antiabortisti.
E, allora, invece di arrampicarvi sugli specchi da due giorni, dicendo che la legge n. 194 non la toccate, abbiate almeno il coraggio e la dignità, che non avete, di ammettere quali sono i vostri reali obiettivi.
Lo avete fatto in una maniera davvero terribile, con una violenza inaudita. Lo avete fatto in un decreto sul PNRR. Allora ci si aspetta che, quando si parla di risorse, si mettano lì dove servono.
Di fronte a 800 posti in terapia intensiva tagliati, 100 ospedali di comunità tagliati, 1.800 posti in terapia subintensiva tagliati, 1 miliardo e 200 milioni per la messa in sicurezza degli ospedali eliminati, 400 case della comunità tagliate e più di 100.000 posti negli asili nido tagliati, l'ultima cosa che ci aspettavamo è che voi nel decreto PNRR quei fondi li deste alle associazioni antiabortiste. Deciderà un uomo con questo emendamento, lo avete fatto presentare a un uomo che deve decidere cosa dobbiamo fare noi donne sui nostri corpi.
Ma ci rendiamo conto? E non solo, avete fatto difendere questa scelta ieri a un uomo, alla Camera, che ha dichiarato: «Noi diamo alle donne l'opportunità della vita». Ma di cosa stiamo parlando? Siamo noi donne che scegliamo cosa vogliamo nella nostra vita, se essere

madri o se non essere madri, nessuno ce lo concede o ci dà l'opportunità. Vi dovreste solo vergognare!
E le dico di più: oggi, mentre in Francia, in Germania e in Spagna – poco fa la ministra delle Pari opportunità spagnola ce lo ha ricordato – si mettono divieti a quelle che sono delle vere e proprie molestie organizzate dalle manifestazioni antiabortiste nei luoghi dove le donne dovrebbero essere libere di scegliere, noi andiamo in direzione contraria, smentendo anche l'Europa che ci ricordava che nel nostro Paese il diritto all'aborto è sotto attacco.
Le dico una cosa: sono madre, ho scelto di essere madre. Quattordici anni fa ho scelto di abortire, e sa perché lo dico qui, nel luogo più alto della rappresentanza democratica di questo Paese, in cui ancora oggi qualcuno fa fatica a dire la parola "aborto" o gli tremano le gambe quando si parla di aborto? Lo dico qui perché non vorrei che nessuna donna che in questo momento volesse abortire si sentisse attaccata da questo Stato, perché una donna che oggi sceglie di ricorrere all'interruzione volontaria di gravidanza possa sapere che c'è uno Stato amico, e non è questo governo, perché, quando mi guardo allo specchio, non mi sento né colpevole né mi vergogno. Quelli che si devono vergognare siete voi e la squallida propaganda che fate sui corpi delle persone, in continuazione.[55]

[55] https://www.camera.it/leg19/410?idSeduta=0281&tipo=stenografico#sed0281.stenografico.tit00070.sub00010.int00110

Dal verbale di quel giorno si legge che alla fine del mio intervento ci sono state proteste dei deputati del gruppo Fratelli d'Italia, che hanno iniziato a inveire contro di me dai loro banchi.

Tra le urla ricordo nitidamente la rabbia del deputato di Fratelli d'Italia che, gesticolando con gli occhi sbarrati, mi gridava: «Hai abortito e ce lo vieni a dire qua?». In sintesi, nemmeno ti vergogni? Non sai che devi fare silenzio?

Dopo qualche minuto ha poi preso parola il deputato Manlio Messina di Fratelli d'Italia, lo stesso che qualche ora prima con un comunicato stampa voleva concederci, molto paternalisticamente, l'opportunità della vita.

Riporto sempre dal verbale.

Messina: «Grazie, presidente. Intanto le chiedo se sia possibile, prima di fare entrare i deputati in Aula, un giro di camomilla. Sarebbe opportuno [*applausi dei deputati del gruppo Fratelli d'Italia*]».

La prima reazione di un esponente, maschio ovviamente, della maggioranza, in risposta all'intervento di una collega che rivendica la sua scelta di aver abortito e di non sentirsi colpevole per averlo fatto, che rivendica il diritto di ogni donna e persona con utero di poterlo fare, e che si ribella a quello che è un attacco gravissimo alle vite di tutte noi, è stata dunque un invito a prendersi una camomilla.

Impensabile che una donna possa arrabbiarsi quando le vengono negati dei diritti: isterica, pazza, strega.

I comandanti di Gilead sarebbero stati orgogliosi di lui.

7.
Il giorno dopo

Quella che segue è una selezione dei messaggi che ho ricevuto sui miei canali social dopo che il discorso pronunciato in aula è diventato virale. Una summa di insulti, offese, violenze verbali che, in qualche caso, parrebbero voler diventare addirittura fisiche; sono messaggi che non meriterebbero alcuna visibilità, ma che ho comunque scelto di rendere pubblici, perché, ognuno nella sua specificità, riassumono in modo incredibile tutti i più abusati luoghi comuni sull'aborto.

Sei solo un'assassina, come una mafiosa. Hai voluto parlare del tuo aborto come fanno gli omosessuali quando si dichiarano, lo hai fatto in aula e invece dovevano picchiarti e poi ucciderti, proprio lì. Non lo hanno fatto solo perché quelle persone sono pure peggio di te. Le leggi servono per dare diritti al nascituro, l'aborto è consentito solo in rari casi, se c'è pericolo che tu possa morire e anzi, nemmeno in quel caso, perché c'è tanta gente che dà la vita per i propri figli.

Dopo aver condiviso l'immagine di una macchina, commentato una foto in cui lui e i suoi amici brindano allegri con calici di carta, a una tavola imbandita davanti a ossa di bistecche rosicchiate su piatti di plastica; dopo aver rimpianto quanto era forte la sua squadra di calcio ai suoi tempi e sostenuto che oggi non ci sono più i giocatori di una volta, ecco che si palesa un esempio paradigmatico di maschio italiano del 2024, quanto di più vicino a quello che è stato un nostro compagno di classe delle medie, un collega di lavoro, un cugino, un fidanzatino delle superiori, il vicino di casa sempre cordiale. Bene, quest'uomo, nella pausa sigaretta, stancamente adagiato sul divano dopo cena, o seduto sulla tazza del gabinetto, mentre scorre la sua bacheca Facebook, trova accidentalmente il video del mio intervento, lo guarda e decide di reagire così.

Io, una donna che aveva rivelato in Parlamento di aver abortito e di averlo fatto senza sensi di colpa; io, una deputata che chiedeva al governo di non permettere alle associazioni antiabortiste di entrare nei consultori, ero, nella testa di quest'uomo, paragonabile ai mafiosi colpevoli di innumerevoli stragi e di efferati omicidi. E lui ha sentito il bisogno di urlarlo pubblicamente, affinché tutti potessero leggere la sua rabbia.

Questo commento è esemplare per molti aspetti. Prima di tutto, perché mette in relazione il mio intervento con quello di chi decide di fare "coming out": il retropensiero è infatti che ci sia un mondo di gente che chiede più diritti, completamente assimilabile, omologabile e, senza distinzione, condannabile perché "esce allo scoperto", mentre dovrebbe avere quantomeno la decenza di tacere.

In secondo luogo, questo utente del mondo social ritiene che solo in caso di pericolo di vita della persona gestante l'aborto diventi una scelta accettabile. I rischi per la salute coincidono quindi con l'eventualità di morire, non considerando, come già spiegato, che il termine salute non equivale ad "assenza di malattia", ma a un complessivo status di benessere psicofisico.

Il problema è che ci sono purtroppo molti casi di persone con gravidanze che per loro rappresentavano un rischio morte perché non hanno ricevuto la cura di cui necessitavano proprio per motivi ideologici: quella cura era l'aborto.

Infine, il commento raggiunge il suo apice sul finale quando riporta l'esempio di genitori che hanno dato la vita per i figli. Dunque l'esistenza della persona incinta è completamente, esplicitamente, senza infingimenti, cancellabile. Può perfino morire. Anzi, dovrebbe morire, perché morendo diventerebbe modello di vita.

Sarà perché ho iniziato il mio percorso politico motivata dal desiderio di vedere la mia terra libera dalla criminalità organizzata, ma vedermi associata a un mafioso è stato tremendo. Solo perché ho deciso, spezzando un tabù, di rompere il silenzio, essere visibile come donna e come istituzione, far sentire la mia voce. In quell'intervento non c'era la mia voglia di raccontare un fatto personale: in quell'intervento c'era un noi collettivo, c'erano le storie di mille altre donne e altre persone, non solo la mia, di mille altre persone che in questo silenzio che ci relega ai margini, giudicate e colpevolizzate, non ci vogliono stare.

Per questo motivo sono stata paragonata a chi ha sciolto un bambino nell'acido. E a rivolgermi un simile insulto non era un pazzo, un fanatico, ma un uomo "qualsiasi". Proprio come quelli che quando commettono un crimine orribile suscitano incredulità: "Era una persona sorridente, sempre tranquilla, davvero non potevamo immaginare che..." Scegliete voi cosa scrivere al posto dei puntini di sospensione, pensate fino a dove può arrivare tanta cattiveria.

Altri utenti si sono limitati a commenti di questo tipo:

Ma qual era il tuo problema, i soldi?

Losca, questo sei, non meriti di vivere, tu e quelle come te!
Siete delle merde pure voi che siete d'accordo.
Assassina, leggila bene la 194!

Mi hanno fatto male? Mi hanno ferito? All'inizio sì, ma ben presto al dolore si è sostituita la rabbia, nel constatare in quanti e quante avevano reagito in quella maniera. Non che fosse una scoperta, avrei dovuto essere preparata. Quando ricopri un incarico pubblico, ai tempi dei social, inizi fin da subito a familiarizzare non solo con la critica, ma anche con l'insulto: perché gli altri non condividono quello che dici, perché non sopportano la tua parte politica, perché tocchi interessi particolari. Forse sbagliando, io ho subito assunto l'atteggiamento di chi prova a non farsi schiacciare da tutto questo: la mia strategia è sempre stata leggere le critiche e cercare di farmi scivolare addosso gli insulti gratuiti e violenti. Oggi, invece, riconosco che questa è violenza e come tale va trattata, denunciata e stigmatizzata.

E vorresti deciderlo tu quando inizia la vita umana e quindi l'aborto omicidio? Poi il dialogo è inutile per persone come Hitler, Mussolini e tutti gli altri dittatori ma volete combatterli i loro ideali, o no? E poi, non capisco perché bisognerebbe permettere a chiunque di fare ciò che vuole senza nemmeno garantire che ci sia-

no conseguenze? Una società sana si deve basare sulla responsabilità di ogni individuo, non possiamo fare leggi che la sradicano completamente.

E dopo i mafiosi, perché non citare altri due esempi come Hitler e Mussolini?

Stavolta però non ci sono affermazioni perentorie, ma un tono interrogativo che sembra voler sottintendere: "Voi che volete abortire siete proprio sicure di essere poi, in fondo in fondo, tanto diverse da loro?"

Ed ecco la conclusione di questo cervellotico ragionamento, se così possiamo definirlo: ci vogliono leggi che puniscano le persone che vogliono scegliere della propria vita. Cartoline da Gilead.

Che schifo! Ma chi cazzo siamo noi donne per decidere d'interrompere la vita che cresce nel nostro grembo? Non sapete che esistono le precauzioni? Pensateci prima di avere un rapporto invece di ricorrere a scelte discutibili!

Questo commento arriva da una donna. Una donna che evidentemente non sa, o non ritiene di avere il controllo sul proprio corpo. Credetemi, leggendo queste parole, prima ancora di provare rabbia per la condanna con cui vorrebbe ferirci tutte, io provo tristezza e dolore per lei, per quello che ha scritto, perché significa che pensa di non essere in grado di prendere decisioni su sé stessa, su questioni di cui lei è unica e indiscutibile protagonista.

È doloroso pensare che, ancora oggi, nel 2024, una donna possa percepirsi solo come un'incubatrice. Mi torna in mente una donna che ho conosciuto quando facevo l'educatrice: davanti a un litigio tra due bimbi, più violento degli altri, una delle persone con cui lavoravo accorse per dirimere il groviglio di calci e schiaffi e convocò i genitori di entrambi. Poco dopo la chiamata, arrivò una donna visibilmente stanca, con lo sguardo ostile, e in braccio un neonato. La mia collega stupita le chiese: «E lui di chi è figlio?»

«È 'o mie. C'aggia fa, chill mio marit quann me lascia se ne va, po' quann decide 'e turnà me mett' incint. Io che aggia fà?»

Pensai alle catene con cui quell'uomo teneva legata a sé la moglie, non lasciandole alcuna scelta. Stava parlando del suo corpo, eppure credeva di non avere voce in capitolo. Un pugno allo stomaco e la voglia di chiederle se non volesse fuggire lontano.

Quattordici anni fa ha deciso di abortire e ha pure il coraggio di dirlo senza vergognarsi. Ora quel figlio sarebbe un ragazzo gioioso e nel pieno della sua adolescenza e invece non c'è perché non è stato voluto. Avrebbe una sua unicità e caratterialità, e lei ha scelto di non farlo nascere. L'aborto serve per tutelare il corpo delle donne da rischi gravi di salute, non per legittimare carrierismi o per deresponsabilizzare le scelte di coppie sempre più immature. Non ci può essere libertà se si lede quella degli altri, ad esempio quella di nascere per un feto: non ha chiesto di essere messo al mondo, ma ne ha tutto il diritto. Si vergogni, mia cara signora, per avere anche offeso con questo suo gesto tutte quelle donne che vorrebbero avere figli ma non possono, e devono guardare donne come lei che, spinte spesso da consigli sbagliati di familiari o amici, uccidono quello che poi sarebbe il loro figlio per ragioni fin troppo opinabili in tantissimi casi.

Un figlio mai esistito, né nella realtà né nella mia mente, esiste invece nei pensieri di chi ha scritto questo messaggio.

Al di là del già affrontato tema dell'aborto consentito solo per rischi gravi di salute (e sottolineo la parola "gravi". Se una persona ha sentito l'esigenza di scrivere "gravi" significa che non bastavano i rischi per la salute. Devono essere gravi, appunto), il commento mette in luce un'altra questione: non vorrai mica rinunciare alla maternità per "carrierismo"?

Tu sei stata messa al mondo solo per procreare e per prenderti cura della famiglia, non avrai mica altre ambizioni? Questo deve essere il tuo contributo alla società. Vuoi addirittura lavorare? Se in Italia abbiamo un problema di natalità è perché a voi donne è stata inculcata l'idea che possiate lavorare trascurando il compito di fare figli. Futuri lavoratori, contribuenti, consumatori, soldati, e tutto quello che serve a questa società.

Non importa che milioni di donne facciano sacrifici immensi per lavorare e doversi al contempo sobbarcare un carico di cura spesso quasi esclusivamente sulle loro spalle. Non importa che milioni di donne rinuncino ai propri sogni, non possano esprimere le proprie doti in qualsiasi ambito lavorativo, sacrifichino le occupazioni che permetterebbero loro di avere un'indipendenza economica.

A questa donna non importa. Le importa del sorriso di una persona mai esistita e non del dolore di un essere umano in carne e ossa che vive sulla propria pelle, ogni giorno, le ingiustizie di questa società.

Poi c'è la chiosa finale: dopo aver stabilito quali sono le ragioni consentite per rendere giustificabili i nostri aborti, ecco il tentativo di mettere le donne che hanno scelto di abortire contro altre donne.

Mi accorgo che sto picchiettando le dita sui tasti del computer sempre più forte: è davvero difficile arginare la rabbia mentre rileggo e commento queste parole.

Io mi sento sorella e compagna delle tante donne che hanno storie diverse, vite diverse, problemi diversi e vorrei che a ognuna venissero dati gli strumenti e le possibilità per sostenere le proprie libere scelte.

Mi batto continuamente affinché il nostro Paese possa avere un tariffario nazionale per accedere alla procreazione medicalmente assistita, affinché i percorsi per le adozioni vengano migliorati, affinché si introduca la possibilità di accedere alla gestazione per altri solidale. E vorrei che non ci arrendessimo alla meschina legge voluta dal centrodestra a guida Meloni che introduce il reato universale di gestazione per altre.

Quindi no, non cederò mai al gioco perverso di chi vorrebbe metterci l'una contro l'altra.

E nemmeno di chi vorrebbe colpevolizzarci per le nostre scelte individuali.

E te ne vanti pure? Prima ti sei divertita e poi hai scelto di abortire?

Sottotesto: sei una zoccola che per divertimento si è fatta mettere incinta perché non ha usato il preservativo, quando è andata a letto con uno dei tanti. Poi tanto abortisci e puoi tornare a fare la zoccola.

Potremmo definirlo un evergreen: la condanna perenne delle donne che fanno sesso.

Sei incinta? Hai scopato. Non interessa sapere nient'altro, neppure se hai una relazione stabile o se, rientrando nel loro metro di giudizio, sei stata con una sola persona in tutta la vita: sei una zoccola.

Perché se non vuoi un figlio dopo aver avuto un rapporto vuol dire che hai scopato solo per piacere. E no, se non sei un uomo, è intollerabile. È quasi più emancipata l'antica ortodossia dei dieci comandamenti che almeno si rivolgono a tutti e tutte. Oggi la condanna è solo per chi ha un utero. Poi, come cantava De André, forse ho confuso il piacere e l'amore, ma non ho creato dolore.

Se l'uomo volesse tenerlo quel bambino, ma la donna invece no, pretendete che sia assecondata la volontà della donna, se invece capitasse il contrario, l'uomo sarebbe obbligato al mantenimento e anche in questo caso dovrebbe assecondare sempre il volere della donna. In ogni caso l'uomo è, per carenza di termini, fottuto. Com'è che in questo caso non ci vedete disparità di genere?

Non credo che sia così difficile capire che è la donna o la persona con utero a vivere sul proprio corpo tutto quello che comporta una gravidanza. Per l'uomo, tutto il processo che porta alla nascita di un altro essere umano si esaurisce in minuti (pochi o tanti ma sempre nell'ordine dei minuti si ragiona) ed è pure piacevole.

La gravidanza impatta sulla salute fisica e psichica della donna. Esiste la narrazione estremamente tossica che dipinge la gravidanza come uno stato di grazia durante il quale le donne hanno i capelli che brillano di luce propria, camminano su nuvole rosa e il mondo dà loro il buongiorno con il canto degli uccellini in un campo di margherite a primavera. No.

Ogni donna vive la propria gravidanza in modo diverso. Alcune sono felici e gioiose, altre invece sperimentano emozioni contrastanti, affrontano decine e decine di difficoltà, ostacoli e anche violenza.

Quanto è radicata invece l'idea che il corpo delle donne, quando incinte, è come se venisse loro espropriato?

Nemmeno nel 1978, quando è stata approvata la 194, è stata inserita la volontà del padre come dirimente ostativa nella scelta, perché chi ha un utero porta avanti le gravidanze, chi ha un utero ne soffre tutte le implicazioni, chi ha un utero può rischiare anche di morire durante il parto, quindi chi ha un utero decide se partorire oppure no, se portare avanti una gravidanza oppure no.

Ma se ancora c'è chi non si dà pace al pensiero che il corpo, la salute, la vita sono nostri e decidiamo noi per noi stesse, vale la pena ricordare che esistono sentenze che sanciscono nero su bianco che non c'è altra volontà da tenere in considerazione se non quella della donna, della persona che ha un utero.

L'altra obiezione è quella secondo cui l'uomo non

dovrebbe provvedere al mantenimento del figlio se la donna dovesse portare avanti la gravidanza contro la sua volontà. In questo caso, l'uomo vorrebbe decidere al posto della persona incinta di abortire, o in alternativa, di non provvedere al mantenimento. Insomma una completa deresponsabilizzazione che ignora il fatto che l'uomo è invece responsabile di quella situazione: non restiamo incinte da sole.

Ma perché si parla sempre di donne e mai di quella povera creatura che si porta in grembo? Esistono svariati metodi contraccettivi (non mi riferisco alle violenze che sono un caso a parte), perché optare per il più crudele?

Partiamo da questo assunto: l'aborto non è un anticoncezionale.

Gli anticoncezionali, anche quelli di emergenza come la pillola del giorno dopo e quella dei cinque giorni dopo, hanno come scopo quello di non far sviluppare una gravidanza.

L'aborto serve invece a interrompere una gravidanza accertata. La differenza è così evidente che mi sorge il dubbio, per così dire, che chi fa confusione voglia in realtà manipolare il dibattito e inquinare l'informazione.

Detto questo però, rispondendo alla perenne accusa di non aver pensato di usare dei metodi contraccettivi, va chiarito un concetto basilare: la maggior parte degli anticoncezionali pesano esclusivamente sulle donne, sia in termini di costi che di effetti. Ancora oggi, a più di settant'anni dalle prime commercializzazioni della pillola anticoncezionale femminile, non è stato ancora autorizzato un equivalente maschile. Le sperimentazioni ci sono state: alcune interrotte senza ben precisati motivi, altre ancora in corso; resta il fatto che ancora oggi la contraccezione farmacologica è a carico delle donne.

Quando si parla di aborto, le donne vengono sempre accusate di non aver provveduto a utilizzare un metodo anticoncezionale, come se un uomo non fosse in grado di infilarsi autonomamente un preservativo.

Aggiungiamo poi l'infantilizzazione costante delle donne: ci considerano irresponsabili, superficiali, eterne bambine che non hanno mai sviluppato una maturità pari a quella degli uomini. Abbiamo sempre bisogno che qualcuno venga a spiegarci qualcosa, magari che prenda pure delle decisioni per noi (ricordiamoci del medico che prima di farti abortire ti chiede di ripensarci per sette giorni).

I contraccettivi sono fondamentali e non solo per prevenire gravidanze non desiderate, sono fondamentali per evitare che continuino a diffondersi le infezioni sessualmente trasmissibili, ancora in aumento nel nostro Paese. Ma se scelgo di abortire non devo giustificare a nessuno la mia scelta: non devo spiegare se e perché il preservativo si è rotto, se la spirale non ha funzionato, se è stato un incidente o se per una sera non ho preso precauzioni. Nessuno deve giudicarmi, nessuno deve chiedermi com'è successo. Nessuna giustificazione è dovuta: se voglio abortire devo poterlo fare e questa è l'unica cosa che veramente conta.

Sto per pronunciare parole che mi rendo conto sono forti e lungi da me giudicare le persone, le storie. Ma si giudica il principio. Stiamo scambiando un delitto per un diritto. Qua si ha paura di dire – persino la politica ce l'ha – che l'aborto è un omicidio. C'è poco da sorridere. Non l'ho detto io. Quando è stato conferito il Premio Nobel per la Pace a Madre Teresa di Calcutta hanno tremato i potenti della Terra perché quando le fu fatta la domanda su quale fosse il più grande peccato, il più grande dramma dell'umanità, con coraggio quella piccola donna disse: "L'aborto, non la guerra".

Sembra un altro commento lanciato da qualche hater nel mare magnum della rete, e invece no, queste parole sono state pronunciate dalla vicedirettrice del Tg1, Incoronata Boccia, ospite durante i dibattiti televisivi successivi all'approvazione dell'emendamento al PNRR. Non sono le parole del commentatore solitario, incattivito nel buio della sua stanza. Afferma queste cose la vicedirettrice del telegiornale della principale rete pubblica del nostro Paese.

Dopo l'ovvio clamore che le sue dichiarazioni hanno scatenato, ha ritenuto di giustificarsi: «Mi aspettavo questo putiferio perché purtroppo è un tema sensibile, del quale è scomodo parlare ma non volevano essere parole di accusa nei confronti di nessuno [...] Non intendevo condannare, insultare o mettermi su un piedistallo a impartire insegnamenti di virtù o di giusto o sbagliato».

Chissà cosa avrebbe potuto dire se avesse voluto invece impartire insegnamenti o pronunciare parole d'accusa. Dire che l'aborto è un omicidio significa dire che c'è un'assassina. Non è forse giudicare ancora una volta, inculcare la colpa, addossare lo stigma?

L'aborto non è "un tema sensibile", non è un argomento su cui ognuno può dire la sua, trasformando i corpi in un eterno campo di battaglia oggetto del potere del patriarcato e del neoliberismo: no. L'aborto è tutela della salute, l'aborto è una scelta che puoi decidere di fare o di non fare. Questo è il potere che ognuna di noi può avere: scegliere se abortire. Punto.

Dopo aver condiviso la cattiveria, l'assurdità, la sconcezza delle accuse e degli insulti scatenati dal mio intervento in aula, credo sia giusto concludere questo capitolo con quanto di bello è invece accaduto in seguito.

Il video ha fatto letteralmente il giro del mondo e ha creato legami, reti che fino a qualche settimana prima non esistevano.

Sentivo che questo tema aveva bisogno di esplodere, ma mai avrei immaginato una così forte ondata emozionale e politica.

Penso alle tantissime persone che mi hanno scritto per condividere le loro storie e per dirmi che nelle parole che ho pronunciato in Aula si sono sentite rappresentate: per me, da deputata della Repubblica, sapere di non essere nel mio scranno da sola, sapere di rappresentare realmente le istanze di chi tra quei banchi non è seduta, è l'orgoglio più grande.

E sono felice che la vergogna che si è consumata in Aula con l'approvazione della norma che consente agli antiabortisti di entrare nei consultori abbia sfondato le nostre frontiere e abbia trovato anche all'estero megafoni per rendere più forte la nostra voce e il nostro grido di denuncia: Skin, Xavier Dolan, Giacomo Gianniotti, Pedro Pascal, Sarah Silverman, sono alcune tra le tante persone che hanno condiviso l'intervento, facendo risuonare e amplificare esponenzialmente le mie, nostre, parole in luoghi in cui la pressione dei movimenti antiabortisti ha portato a restrizioni gravissime.

Ho conosciuto Eve Ensler e le donne che fanno parte della rete One billion rising che da ogni parte del mondo lottano strenuamente contro la violenza maschile sulle donne.

La mattina in cui ci siamo incontrate non c'è stato bisogno di dirci molto: in pochi minuti eravamo unite nella sorellanza che ci tiene legate anche se sconosciute, che ci fa riconoscere, una sorellanza di cui sento fortemente di far parte. Ci siamo ritrovate insieme nel grido: «Il patriarcato è fascismo».

Italia, Congo, Afghanistan, Nigeria, India, Croazia. Intorno a un tavolo discutevamo dell'asfissia di un potere che ci costringe a vivere in schemi e ruoli definiti, dedicati, e a cui bisogna rigorosamente attenersi.

Penso a Federica di Martino, immensa nella sua competenza, nella sete di giustizia e nell'instancabile impegno.

Penso all'incontro con Mathilde Panot, tra le deputate francesi una delle maggiori promotrici dell'inserimento del diritto all'aborto in Costituzione, e al bisogno e alla necessità che entrambe sentiamo di costruire una rete internazionale per sovrastare questa ondata nera che arriva da più parti e che vorrebbe privarci dei nostri diritti e della nostra libertà di scelta.

Penso a una ragazza, a una donna, a una persona che ha abortito, rinchiusa nel suo silenzio, e che soffre ogni giorno lo stigma della colpa, e che leggendo quelle centinaia di commenti che hanno unito tante voci si può essere sentita sollevata, più leggera, meno sola.

Questo pensiero vale molto di più di mille infamie, insulti, attacchi.

8. Antiabortisti

Era il 31 maggio del 2009 quando a Wichita, in Kansas, George Tiller, uno dei pochi medici che praticava aborti definiti tardivi negli Stati Uniti, venne assassinato mentre entrava in chiesa. Era scampato a un attentato già nel 1986, quando venne fatta esplodere una bomba sul tetto del suo ambulatorio. Ed era stato ferito con colpi di pistola alle braccia da un attivista antiabortista nel 1993. A quell'ultima aggressione però non riuscì a sopravvivere. Le fucilate di Scott Reader, anch'egli attivista antiabortista, erano state fatali. Il 27 novembre del 2015 a Colorado Springs, in Colorado, Robert Lewis Dear Jr, autodefinitosi "un guerriero per i bambini", entrò al Planned Parenthood, una clinica che svolge, tra le varie attività, anche l'interruzione volontaria di gravidanza. L'uomo uccise tre persone e ne ferì nove.

Tre su quattro dei presidenti repubblicani americani degli ultimi quarantacinque anni (Ronald Reagan, George Bush Sr., Donald Trump) hanno cambiato idea sull'aborto, passando da posizioni "pro-choice" a posizioni antiabortiste durante la campagna elettorale.

Nel frattempo a un anno dal rovesciamento della sentenza Roe vs Wade, in Texas, uno degli Stati in cui le restrizioni sull'aborto sono più rigide, tra il 2021 e il 2022 è aumentata del 12,9 per cento la mortalità di bambini entro un anno di vita; inoltre, il numero dei decessi dovuti ad anomalie congenite è aumentato del 22,9 per cento, al contrario degli altri Stati, dove tende a diminuire.

In Italia chi sono i personaggi che fanno parte delle associazioni antiabortiste e che legami hanno con la politica?

Massimo Gandolfini, neurochirurgo, è uno dei maggiori esponenti dell'associazionismo antiscelta e antigender ed è l'ideatore dei Family Day.

Nel 2015 dichiarò che l'omosessualità è un «disagio identitario» e che «scopo dell'educatore non è quello di correre dietro al disagio identitario ma quello di cercare di indirizzare verso una coerenza questo disturbo verso il proprio psichismo».

Sostanzialmente, l'omosessualità andrebbe curata, come una malattia.

Interpellato su queste dichiarazioni ha rincarato la dose: «Nessuno studio prova che l'omosessualità non sia una malattia, è solo una "normalizzazione" imposta dai gay e dal politicamente corretto».

Il 16 marzo del 2019 ha sostenuto: «Noi riconosciamo che Fratelli d'Italia e Giorgia Meloni stanno portando avanti una politica a vantaggio della famiglia, per la difesa della vita dal concepimento alla morte naturale e per la libertà educativa dei genitori».

Il governo Meloni lo ha nominato consulente del dipartimento per le politiche antidroga.

Maria Rachele Ruiu, portavoce di Pro Vita & Famiglia, è stata candidata nelle liste di Fratelli d'Italia per le elezioni del 2022 alla Camera dei deputati.

A ogni tornata elettorale, la suddetta associazione intervista i candidati e le candidate e fa sottoscrivere loro il proprio manifesto. Primo punto del documento sottoscritto da venti parlamentari europei eletti nel 2024: l'aborto non può essere considerato alla stregua di un diritto.[56]

Dopo le ultime elezioni europee del giugno 2024, queste sono state le dichiarazioni dell'altro portavoce

[56] https://www.provitaefamiglia.it/media/userfiles/files/Manifesto%20elettorale.pdf

di Pro Vita & Famiglia, Jacopo Coghe, pubblicate sul loro sito, nell'apposita sezione denominata "Elezioni":

> Ci congratuliamo con gli eletti firmatari del nostro Manifesto per questo risultato e speriamo di poterli presto incontrare tutti a Bruxelles per definire una strategia di dialogo e collaborazione permanente che sostenga il loro lavoro al Parlamento Europeo in difesa dei valori espressi nel Manifesto. Anche per facilitare questo lavoro, ci stiamo preparando all'inaugurazione di una rappresentanza stabile di Pro Vita & Famiglia a Bruxelles, per vigilare meglio sulle politiche promosse dall'UE e influenzarle in senso pro-vita e famiglia.
>
> Queste elezioni europee ci consegnano un dato chiaro, e cioè il sensibile calo dei partiti progressisti e la netta affermazione dei partiti conservatori, segno che sempre più cittadini sono stanchi di politiche ideologiche relativiste e chiedono di ritornare ai valori fondamentali condivisi della nostra civiltà, tra cui il rispetto della vita umana, il sostegno socio-economico alla famiglia e alla natalità e la fine di aggressive campagne ideologiche contro l'educazione dei più giovani. Ci congratuliamo anche con Giorgia Meloni per l'ottima conferma di Fratelli d'Italia, a cui appartiene la maggioranza di eletti tra i firmatari del nostro Manifesto, auspicando che questo risultato possa favorire l'abbandono di maggioranze "arcobaleno" e l'affermazione di una linea politica di

> centrodestra all'interno del prossimo Parlamento e della prossima Commissione Europea, che impedisca alle forze socialiste, in asse con parte dei Popolari, di continuare a usare l'Unione Europea come strumento di propaganda ideologica pro-aborto e pro-gender.[57]

Dichiarazioni che non stupiscono, se facciamo un passo indietro e torniamo all'origine dell'associazione Pro Vita & Famiglia, nata nel 2019 durante il Congresso mondiale delle famiglie, dall'unione di Provita Onlus e Generazione Famiglia. In quell'occasione, tra i relatori c'erano il presidente della Commissione patriarcale per la famiglia e la maternità e membro del Consiglio supremo della Chiesa ortodossa russa Dmitri Smirnov (che in precedenza aveva dichiarato: «Chi sostiene l'aborto è un cannibale, bisogna spazzarli via dalla terra»[58]); il presidente dell'Organizzazione internazionale della famiglia Brian Brown («L'omosessualità è degradante per la natura umana. Essere gay distrugge il senso stesso dell'essere umani»); la presidente della Foundation for African Cultural Heritage Theresa Okafor («Il preservativo è una trappola, esportata in Africa per soffocare la vita»).

57 https://www.provitaefamiglia.it/blog/cs-risultati-elezioni-europee-2024.

58 https://www.open.online/2019/03/13/chi-sostiene-laborto-e-un-cannibale-chi-sono-i-relatori-del-congresso-delle-famiglie-di-verona/

Il convegno è stato patrocinato dal ministero della Famiglia, all'epoca presieduto da Lorenzo Fontana, attualmente presidente della Camera e terza carica dello Stato, anche se Giuseppe Conte, allora presidente del Consiglio, ne aveva nettamente preso le distanze negando, inoltre, il patrocinio di Palazzo Chigi.

Non è quindi sorprendente che, scorrendo le foto dei Family Day o delle manifestazioni convocate per contrastare le unioni civili e il disegno di legge contro l'omolesbobitransfobia, si scorgano molti volti della maggioranza. Sui palchi, tra i banchi dei relatori e delle relatrici, troverete per esempio il capogruppo di Fratelli d'Italia al Senato, Lucio Malan, che in vista delle elezioni europee ha ospitato l'evento per sottoscrivere il Manifesto valoriale di Pro Vita & Famiglia, o Alfredo Mantovano, sottosegretario alla Presidenza del Consiglio e autorità delegata per la sicurezza della Repubblica, punto di riferimento dichiarato ed esponente dell'associazionismo antiabortista. Ovviamente poi c'è lei, Eugenia Roccella, ex portavoce del primo Family Day, come orgogliosamente riportato nella sua biografia. Solo per citarne alcuni.

Dopo tale breve panoramica, diventano più chiare le motivazioni che hanno portato a inserire, nel decreto PNRR, le cui risorse dovevano essere destinate a risolvere o colmare molti dei problemi ormai strutturali del nostro Paese, dalle carenze del Servizio sanitario nazionale ai fondi per gli asili nido, dalla rete infrastrutturale alle politiche per contrastare il gender gap, l'emendamento che spalanca le porte dei consultori alle associazioni antiabortiste.

Averlo inserito proprio in quel decreto ha rappresentato uno schiaffo in faccia a chi si aspettava che il Piano nazionale di ripresa e resilienza, un risultato tanto faticosamente raggiunto con l'Unione Europea, potesse rappresentare un punto di svolta per il nostro Paese.

Chiariamo subito un equivoco: da nessuna parte, nell'emendamento approvato, c'è scritto che le attività delle associazioni non potranno essere attività remunerate: «Le regioni organizzano i servizi consultoriali nell'ambito della Missione 6, Componente 1, del PNRR e possono avvalersi, senza nuovi o maggiori oneri a carico della finanza pubblica, anche del coinvolgimento di soggetti del Terzo settore che abbiano una qualificata esperienza nel sostegno alla maternità».[59] Dire che non ci saranno nuovi o maggiori oneri per lo Stato non vuol dire non prevedere un investimento. Significa non

[59] https://www.gazzettaufficiale.it/atto/serie_generale/caricaArticolo?art.versione=1&art.idGruppo=11&art.flagTipoArticolo=0&art.codiceRedazionale=24A02201&art.idArticolo=44&art.idSottoArticolo=5&art.idSottoArticolo1=10&art.dataPubblicazioneGazzetta=2024-04-30&art.progressivo=0

prevederne uno nuovo: nulla vieta però di utilizzare fondi e risorse già messi a bilancio.

L'altro punto importante è che, di fatto, si sposta dalle singole realtà sociosanitarie alle regioni la possibilità di stabilire queste relazioni tra consultori e associazioni antiscelta. Una strada che alcune regioni governate da maggioranze di destra hanno già intrapreso.

Il caso più eclatante è quello del Piemonte, che ha istituito il fondo Vita nascente con cui ha stanziato, complessivamente dal 2022, più di due milioni di euro a favore degli enti del terzo settore che operano nel campo della tutela materno-infantile: 460.000 euro nel 2022,[60] 960.000 euro nel 2023[61] e 1.000.000[62] di euro nel 2024.

Tra gli enti che hanno ottenuto finanziamenti ci sono i Centri di aiuto alla vita (CAV), le sedi operative del Movimento per la vita, che ha «l'obiettivo di difendere e promuovere il valore della vita umana "dal concepimento alla morte naturale", senza eccezioni».[63]

Insomma niente aborto e niente eutanasia.

[60] https://bandi.regione.piemonte.it/contributi-finanziamenti/interventi-favore-maternita

[61] https://bandi.regione.piemonte.it/contributi-finanziamenti/vita-nascente-promozione-valore-sociale-maternita-sostegno-gestanti-eo-neomamme

[62] https://bandi.regione.piemonte.it/contributi-finanziamenti/tutela-vita-nascente#

[63] https://www.mpv.org/valori-e-mission/

E infatti tra gli assegnatari troviamo i Centri di aiuto alla vita di Torino e Promozione vita, sempre di Torino, CAV Mirafiori Nord, CAV Moncalieri, Testona, CAV e Movimento per la vita Rivoli, CAV Chivasso, CAV Pinerolo, CAV Ivrea, CAV Cuneo, CAV Savignano, CAV Biella, CAV Verbania, CAV Asti.[64]

Queste risorse avrebbero potuto essere destinate al potenziamento dei consultori, alla formazione, alla contraccezione gratuita. E invece no, la regione Piemonte a guida Alberto Cirio, di Forza Italia, ha ritenuto opportuno convogliarle verso associazioni private la cui ideologia confligge, negli scopi, con il godimento di un diritto che riguarda le donne e le persone con utero, un diritto che permette di tutelare la nostra salute: il diritto all'aborto.

I fondi destinati alle associazioni non sono nemmeno interamente utilizzati per attività che queste dovrebbero svolgere "in favore" delle famiglie: nel primo bando è stato stabilito che ben il 25 per cento delle risorse potesse essere usato dall'associazione stessa per le spese relative al personale interno e/o consulenze tecniche esterne, per la pubblicità e la promozione dell'intervento, per la formazione e l'informazione su tematiche di interesse specifico e coerenti con i percorsi

[64] https://www.regione.piemonte.it/governo/bollettino/abbonati/2022/49/attach/dda1410002314_10100.pdf

di accompagnamento proposti; nel secondo bando (aperto il 25 novembre 2024 e non ancora concluso nei giorni in cui scrivo) la regione si è spinta oltre, stabilendo che il 25 per cento non fosse abbastanza e che le associazioni private che usufruiranno di fondi pubblici potranno trattenere ben il 35 per cento[65] per le proprie attività: soldi delle nostre tasse, soldi versati da tutti e tutte.

L'assessore Maurizio Marrone di Fratelli d'Italia, promotore del fondo, nell'esprimere la sua soddisfazione per il secondo bando emanato sulla scorta del successo, a suo dire, del primo, ci tiene a sottolineare che la donna che si rivolgerà agli enti assegnatari delle risorse previste troverà «a seconda delle sue esigenze, una risposta qualificata e specifica, come ascolto e consulenza, tramite la presenza a sportello programmato presso i presidi sanitari, supporto per una scelta consapevole, sostegno economico [...] sostegno psicologico in forma di percorsi individuali o di gruppo grazie a figure professionali formate».[66]

I Centri di aiuto alla vita sono però ideologicamente orientati: come si può conciliare la loro posizione con una decisione che spetta solo e soltanto a chi è in

[65] https://bandi.regione.piemonte.it/system/files/Allegato%20A%20Testo%20avviso.pdf

[66] https://www.regione.piemonte.it/web/pinforma/notizie/risorse-raddoppiate-per-vita-nascente

gravidanza? Ma soprattutto, perché mai dovrebbero intervenire loro?

Oltre a questo investimento molto discutibile di soldi pubblici, esiste pure un grosso problema di trasparenza.

Sarah Disabato, consigliera regionale del Movimento 5 Stelle, ha condotto una battaglia dentro e fuori il Consiglio regionale, denunciando quanto siano discrezionali gli interventi effettuati e assolutamente lacunose le rendicontazioni presentate dalle associazioni stesse.

Dopo un accesso agli atti da lei effettuato, ha dichiarato: «Riguardo le modalità con cui le donne vengono intercettate dalle associazioni, sembrerebbe che, in alcuni casi, queste ultime abbiano interferito sulla libertà di scelta: la testimonianza di ciò è contenuta all'interno dei documenti che abbiamo a disposizione. Questo è l'aspetto che più ci spaventa e ci indigna perché lede direttamente l'autodeterminazione delle donne».[67]

Tutto resta discrezionale. Perché la Regione non ha lasciato che fossero gli enti competenti a dare il supporto necessario alle famiglie definendo modalità e requisiti di accesso?

Penso a quelle forze politiche che si fregiano di aver

[67] https://torino.repubblica.it/cronaca/2024/04/19/news/sarah_disabato_5s_intervista_critiche_fondi_vita_nascente-422601510/

permesso ad associazioni, politicamente e ideologicamente a loro vicine, di donare latte in polvere e pannolini acquistati con i soldi pubblici, che si vantano con un ghigno classista e insopportabile di aver affossato il reddito di cittadinanza, un concreto aiuto da parte dello Stato a persone che vivevano in condizioni di povertà assoluta. Forse quei bambini e quelle bambine, non nascituri ma già nati, non valgono altrettanto? La retorica del pannolino e del latte in polvere dimostra che appunto di retorica si tratta, totalmente strumentale e scollegata dalla realtà. Se una persona dovesse avere delle difficoltà economiche pensano davvero di poter risolvere i suoi problemi con un pacco di pannolini o con una culla? Che ne è della disoccupazione, del lavoro precario, dell'emergenza abitativa, della mancanza di asili nido, di congedi paritari?

L'esempio del Piemonte non è isolato. Poco prima delle elezioni regionali del 2024 in Umbria, la giunta presieduta da Donatella Tesei della Lega non solo aveva già pensato di seguirne la scia e di istituire anche qui il fondo Vita nascente,[68] ma ha anche approvato la contestatissima "legge sulla famiglia", che dovrebbe, almeno nelle dichiarazioni di chi l'ha proposta, aiutare le famiglie a fare affidamento sul futuro: tra i principi

[68] https://consiglio.regione.umbria.it/informazione/notizie/comunicati/sostegno-alle-donne-gravidanza-e-alla-vita-nascente

ispiratori a cui essa fa esplicito riferimento compaiono «la tutela della vita umana, dal concepimento alla morte naturale» nonché «interventi volti a prevenire e a rimuovere le difficoltà economiche, sociali e relazionali che possano indurre all'interruzione di gravidanza, in attuazione e nel rispetto della normativa nazionale vigente, anche attraverso apposite convenzioni con soggetti non istituzionali».[69]

Insomma Tesei, che già nel 2019 aveva firmato il Manifesto per la famiglia, promosso da alcune associazioni antiabortiste e pro-family, riporta in questa legge l'ideologia antiscelta, la infiltra nelle istituzioni e rende le sue istanze legittimate dall'attività legislativa.

E al governo non va di certo meglio.

Quando il ministro della Cultura Alessandro Giuli ha nominato Francesco Spano suo capo di Gabinetto, sono nate polemiche all'interno di Fratelli d'Italia. In una chat del partito della presidente Giorgia Meloni, Spano sarebbe stato definito «pederasta» da Fabrizio Busnengo, coordinatore del Municipio IX di Roma, che ha poi lasciato l'incarico dichiarando: «Lungi da me attaccare Spano da un punto di vista omofobo, ho semplicemente riportato il sentimento della base elettorale rispetto alla sua nomina». Spano si è dimesso dall'incarico undici giorni dopo la sua nomina.

[69] https://leggi.alumbria.it/mostra_atto.php?id=238453

Jacopo Coghe, il portavoce di Pro Vita & Famiglia, ha ammonito così l'esecutivo: «Speriamo che la vicenda sia da monito per il governo: gli elettori non tollereranno altri cedimenti, specialmente su questioni che coinvolgono nomine, finanziamenti o misure legate al movimento LGBTQ»[70].

Se ho deciso di scrivere questo capitolo non è per tracciare uno studio sociologico o storico di tali realtà, ma è per far sì che non se ne sottovaluti il radicamento, la pressione sulla politica, il «lavoro militante di contaminazione» come spiega bene Massimo Prearo,[71] per non considerarle delle associazioni isolate, poiché invece si muovono all'interno di un contesto internazionale molto ampio e strutturato.

Nella terminologia anglosassone si contrappone a "pro-choice" la definizione "pro-life".

In Italia tutte queste realtà antiabortiste inseriscono la parola "vita" nella loro denominazione. Io credo che anche questo sia un inganno semantico al quale dobbiamo sottrarci. La vita si contrappone alla morte, non a una scelta di libertà e di salute. Dunque c'è chi

[70] https://www.provitaefamiglia.it/blog/spano-pro-vita-famiglia-ministro-giuli-si-scusi-con-elettori-centrodestra-per-fallimentare-gestione-politica

[71] Massimo Prearo, *L'ipotesi neocattolica. Politologia dei movimenti anti-gender*, Mimesis Edizioni, Milano 2020, p. 122.

è pro-scelta e chi è anti-scelta. Non regaliamo a queste persone la parola "vita". Non eleviamole neanche per sbaglio a difensori della vita. Perché poi, di quale vita parliamo?

Con quale coraggio si può dire di difendere la vita sin dal concepimento e attaccare poi quelle vite che non si vogliono riconoscere come degne delle stesse tutele di cui noi godiamo? Come si può dire di voler essere dalla parte dei bambini e delle bambine e poi condannare la gestazione per altre, criminalizzando i genitori come se fossero responsabili di un genocidio? Come si possono chiudere gli occhi davanti all'omolesbobitransfobia facendone una questione ideologica senza condannare in maniera inequivocabile la violenza e l'odio che la generano?

Perché di violenza si tratta. Il tentativo di proibire la triptorelina agli adolescenti e alle adolescenti trans è una delle attività a cui la ministra Roccella e i movimenti antigender si stanno dedicando con grande fervore.

La triptorelina è un farmaco che può essere assunto nei casi in cui il sesso assegnato alla nascita non corrisponde all'identità di genere per sospendere in maniera reversibile la pubertà. Si definisce "incongruenza di genere" e non è una malattia, è una condizione.[72]

[72] https://www.who.int/standards/classifications/frequently-asked-questions/gender-incongruence-and-transgender-health-in-the-icd

Il governo ha deciso di affrontare la situazione gettando nella più profonda incertezza le persone coinvolte da queste tematiche, non lasciando loro nemmeno la possibilità di prendere parte al tavolo ministeriale istituito tra il ministero della Famiglia e quello della Salute, attraverso una rappresentanza.

Nel nostro Paese poco più di venti adolescenti hanno intrapreso un percorso, seguiti dalle loro famiglie, in strutture capaci di offrire loro qualsiasi sostegno necessario in un momento difficile, come può esserlo l'adolescenza, in cui il corpo inizia a trasformarsi e assume caratteristiche più evidenti: la voce cambia, il seno inizia a crescere, il pomo d'Adamo si fa evidente, la peluria aumenta.

Cosa pensate che vi succederebbe se questi cambiamenti non corrispondessero alla vostra identità? Alcune ragazze e ragazzi che assumono la triptorelina hanno dichiarato, senza esitazione, che questa procedura è per loro letteralmente salvifica.[73] E lo confermano ben dodici società scientifiche, tra cui l'Associazione culturale pediatri, la Società italiana di endocrinologia e l'Osservatorio italiano di identità di genere, che hanno definito questo farmaco "salvavita".

La loro vita non è da difendere?

[73] https://chiedimelo.arcigay.it

Nessuno, nessuna ha bisogno del permesso di questo governo per esistere: c'è solo bisogno di uno Stato di diritto che non ostacoli, che non discrimini, che non perseguiti.

Per i movimenti antiabortisti, pro-family e anti-gender, quello che conta è difendere la famiglia che loro definiscono tradizionale o naturale, quella che dal cristianesimo si intreccia con i sistemi economici e con le ragioni politiche. Come se tutto il resto potesse essere negato, ostacolato, cancellato.

Sotto lo spauracchio dell'ideologia gender, l'immancabile nemico immaginario, questo governo e questa maggioranza stanno infatti portando avanti anche un'altra azione preoccupante: il tentativo di controllare i luoghi della formazione e della ricerca.

Il 12 settembre 2024, la commissione Cultura alla Camera ha approvato la risoluzione[74], a prima firma Rossano Sasso della Lega, che impegna il governo ad adottare iniziative per non dare spazio nelle scuole alla diffusione dell'ideologia gender. Loro scrivono "ideologia gender", in realtà si tratta di progetti contro le discriminazioni e per la parità. Il deputato Sasso, in precedenza, aveva definito l'educazione sessuale ai

[74] https://aic.camera.it/aic/scheda.html?numero=7/00203&ramo=CAMERA&leg=19

bambini e alle bambine «una porcheria e una nefandezza», si era scagliato contro l'incontro tenuto all'Università Roma Tre "Laboratorio per bambin* trans e gender creative" e aveva criticato l'Università di Sassari per il corso "Teorie di genere e queer", tenuto dal professor Federico Zappino.

Un inquietante tentativo di controllo dei luoghi della cultura e del sapere che non avviene di certo solo per bocca del deputato Sasso.

Inquietante e purtroppo già visto.

Quelli che vorrebbero controllare le attività dei luoghi del sapere sono poi gli stessi che alimentano e diffondono informazioni non corrette.

Con la partecipazione di molte realtà che si occupano di difendere il nostro diritto all'aborto e che ringrazierò alla fine di questo libro, il 29 ottobre 2024 ho organizzato alla Camera dei deputati un evento intitolato "L'aborto è un diritto, non un'opinione", un'operazione verità per affrontare tutti i temi legati all'interruzione volontaria di gravidanza. E abbiamo deciso di farlo nelle stesse ore in cui al Senato sono state spalancate le porte all'Osservatorio permanente sull'aborto,[75] creato da un gruppo di persone (nel sito tra i fondatori e le fondatrici ci sono sei uomini e una donna) che redige dei rapporti sui presunti costi dell'a-

[75] https://osservatorioaborto.it/chi-siamo/

borto e i suoi, assolutamente contestabili, effetti sulla salute delle donne.

Quello di quest'anno si intitolava *Tra clandestinità e indifferenza*: quattro uomini intorno a un tavolo, moderati dall'unica donna presente, Francesca Romana Poleggi, "direttore" editoriale di «Notizie Pro Vita & Famiglia», hanno dato informazioni tendenziose in una sede privilegiata, quella del Senato della Repubblica italiana, confondendo aborti e contraccezione d'emergenza, definendoli addirittura "criptoaborti", parlando di costi improduttivi, riferendosi al fatto che il nostro diritto all'aborto pesa sulle casse dello Stato. Chi nemmeno distingue un aborto dalla contraccezione d'emergenza non deve essere, in alcun mondo, elevato a interlocutore in fatto di IVG; proprio per questo è inaccettabile che venga dato un simile spazio alla diffusione di notizie che contrastano apertamente con consolidate evidenze scientifiche.

La lotta all'identità di genere, la presunta difesa della libertà educativa, quella della famiglia tradizionale e della vita: politiche e pratiche che si scontrano con le vite delle persone, in tutti gli ambiti della vita, fino anche alla morte.

Il 17 novembre 2022, poco dopo la mia elezione, ho chiesto di calendarizzare e discutere la mia proposta di legge sul fine vita:[76] da quel giorno, un Parlamento inerte e indifferente non ha mai dato seguito alla mia richiesta, voltando le spalle a tutte quelle persone che sono costrette a indicibili sofferenze, non potendo decidere della propria vita.

Abbiamo già letto di simili tentativi di controllo sui corpi, sulla riproduzione e sui luoghi del sapere, c'è tutto scritto sui libri di storia, nei capitoli che descrivono gli albori del fascismo e del nazismo.

Eppure, paradossalmente, accade che siano gli antiabortisti, gli antigender e i difensori della famiglia tradizionale a invocare la libertà di parola contro quella che chiamano la "dittatura del politicamente corretto", "il pensiero unico della cultura woke". Si deforma la realtà al punto che chi governa, occupando voracemente tutti i posti di potere, accusa l'opposizione di essere dittatoriale.

Non può essere una libertà quella di offendere, insultare, fare pressioni e colpevolizzare chi vuole abortire; quella di eliminare diritti o ritenere che esistano persone per cui il diritto alla salute, al lavoro, ad amare e a essere amate, a costruire una famiglia o a decidere di non farlo, debba essere un privilegio.

Odio, discriminazioni e violenze non sono libertà.

[76] https://www.camera.it/leg19/126?tab=&leg=19&idDocumento=313&sede=&tipo=

9.
E ora?

Nel giugno del 2022 negli Stati Uniti, la Corte Suprema, composta a maggioranza da giudici repubblicani, ha ribaltato la storica sentenza Roe vs Wade del 1973, da mezzo secolo pietra miliare per i diritti di milioni di donne e persone con utero americane, e non solo, poiché stabiliva il diritto costituzionale grazie al quale veniva garantito l'accesso all'aborto.

Con il ribaltamento della sentenza, la storia è stata riportata indietro di cinquant'anni: oggi ogni Stato può di nuovo autonomamente legiferare su questo tema. Il risultato è che attualmente in venti Stati il diritto all'aborto è fortemente limitato se non addirittura vietato e in altri dieci sono in corso discussioni di progetti di legge per restringerlo.

In Texas chi vuole o deve abortire è obbligata a

spostarsi in New Mexico; esistono però proposte di legge con cui si vorrebbe addirittura perseguire chi lo fa.

Nel novembre del 2024 Donald Trump viene rieletto presidente degli Stati Uniti. Nonostante le varie condanne ricevute negli anni, fra cui quella per abuso sessuale, Trump ha vinto le elezioni per la seconda volta contro una donna, Kamala Harris, dopo Hillary Clinton nel 2016.

Le posizioni di Trump in materia di aborto sono cambiate negli anni. All'inizio si è detto convintamente pro-choice; in seguito ha sostenuto le posizioni delle associazioni antiabortiste, decisive per conquistare e consolidare una buona fetta del suo elettorato.

Anche in questa tornata elettorale ha potuto contare sull'appoggio dei movimenti antiabortisti, vantando il merito, ai loro occhi, di aver portato al ribaltamento della sentenza Roe vs Wade durante il suo primo mandato da presidente: i giudici da lui nominati sono stati, infatti, determinanti per spostare gli equilibri della Corte Suprema.

Tutti si aspettano che Trump continui e rafforzi la limitazione dei diritti come quello all'interruzione volontaria di gravidanza. Non a caso dopo la sua elezione è cresciuta del 300 per cento la richiesta di contraccezione di emergenza mentre il sito Plan C, che vende e spedisce le pillole per abortire, ha registrato un aumento del traffico del 625 per cento.

Contemporaneamente alle elezioni presidenziali del 2024, in alcuni Stati si sono svolti anche referendum sul tema dell'aborto: in sette su dieci, è emersa la chiara volontà di superare le restrizioni attualmente in atto. Per quanto riguarda i restanti tre, in Florida non si è raggiunto il quorum necessario; in South Dakota, dove la legislazione prevede la possibilità di abortire nel primo trimestre e dopo in casi limitati, non è stata approvata la mozione che prevedeva di inserire il diritto d'aborto nella Costituzione; in Nebraska non è stato approvato il quesito che prevedeva di inserire il diritto all'aborto nella Costituzione per proteggere la salute della persona gestante, mentre è stato approvato quello che prevede di inserire in Costituzione il divieto di abortire dopo le dodici settimane, contemplando alcune eccezioni. Possiamo quindi affermare che la maggioranza degli Stati che hanno indetto il referendum si è espressa in maniera inequivocabile per garantire una maggiore accessibilità all'interruzione volontaria di gravidanza, manifestando la chiara volontà di superare l'attuale inquietante situazione.

L'America non è poi così lontana: anche guardando ai Paesi dell'Unione Europea la situazione resta estremamente difficile. Più di venti milioni di donne in

Europa, infatti, non hanno ancora accesso a un aborto sicuro, legale.[77] In Slovacchia l'aborto medico è fuori legge; in Ungheria c'è l'obbligo di ascoltare il battito fetale; in Polonia almeno sei donne hanno perso la vita a causa delle politiche sempre più restrittive in fatto di interruzione volontaria di gravidanza. Per questo il Parlamento europeo è intervenuto votando, nell'aprile del 2024, una risoluzione con cui si chiede di inserire l'aborto nella Carta dei diritti fondamentali.[78]

Guardando, invece, al nostro Paese abbiamo già citato le proposte inquietanti di autorevoli esponenti della maggioranza, gli atti portati avanti dal governo, la legittimazione della presenza di antiabortisti nei consultori e nei luoghi della salute.

Come marionette nelle mani di un movimento globale, pronti a rilanciare parole e leggi a loro care, sugli scranni più alti delle istituzioni si succedono uomini e donne che pur di raggiungere il potere sono disposti a rimangiarsi le proprie posizioni, del tutto incuranti del sangue e del dolore delle persone che hanno dovuto abortire illegalmente, di chi ha dovuto indebitarsi, delle vite spezzate perché considerate meno importanti del battito fetale.

77 https://www.myvoice-mychoice.org/it

78 https://www.europarl.europa.eu/doceo/document/TA-9-2024-0286_IT.html

E mi sono limitata sola alla nostra porzione di mondo, cosiddetta occidentale.

La verità è che non è più rinviabile intervenire, perché stiamo assistendo a un grave attacco al nostro diritto ad abortire, un attacco che si riversa in tutta la sua potenza e la sua violenza sui nostri corpi, con l'intenzione di annullarli, renderli invisibili, non autonomi, non nostri.

Controllo dei nostri corpi, controllo della nostra riproduzione, che deve diventare questione nazionale, non personale. Questo è l'obiettivo finale.

Per opporci, per sottrarci, dobbiamo necessariamente rafforzare le preziose reti che già esistono e consolidare la connessione internazionale che unisce la nostra lotta. Non si tratta solamente di proteggere quanto già abbiamo, laddove ancora qualcosa rimane, ma di rivendicare tutto quanto ci spetta, perché è un nostro diritto; perché i nostri corpi, la nostra salute, le nostre vite sono oggetto di una guerra politica che, tramite la propaganda antiabortista, antigender e a difesa della cosiddetta famiglia tradizionale, guadagna voti e potere.

Mentre il nostro Stato legifera per portare gli antiabortisti nei luoghi laici e pubblici della salute, quanto accade in altri Paesi è quello che vorrei potesse accadere anche nel nostro.[79]

[79] https://www.camera.it/leg19/126?leg=19&idDocumento=2064

In Germania, per esempio, è stata approvata una legge che prevede sanzioni contro le cosiddette "molestie da marciapiede", vale a dire la presenza di gruppi antiabortisti che esercitano pressioni, con la loro azione, sulle persone che vogliono interrompere una gravidanza: è stato vietato loro di avvicinarsi a meno di cento metri di distanza dalle strutture in cui è possibile abortire e in caso di violazione sono previste sanzioni fino a cinquemila euro.

In Spagna è stata introdotta una norma nel Codice penale che dichiara illegale e punibile qualsiasi molestia verso chi si reca in una clinica abortiva.

D'altronde, come definire la presenza di persone che provocano uno stato di disagio, che producono un turbamento del benessere fisico o della tranquillità spirituale?[80] "Molestie", il vocabolario le chiama "molestie". E in effetti non ci sarebbe nemmeno bisogno di ricorrere alla Treccani per capire che se qualcuno o qualcuna mi rivolge delle "attenzioni indesiderate", quando non offese o insulti, mi sta molestando.

Nel Regno Unito i gruppi antiscelta e antiaborto non potranno più oltrepassare la *buffer zone*, una zona cuscinetto che impedisce loro di avvicinarsi a meno di centocinquanta metri dalle strutture in cui si effettua IVG, perché «l'accesso all'aborto è un diritto fonda-

[80] https://www.treccani.it/vocabolario/molestia/

mentale delle donne in questo Paese e nessuna deve sentirsi a rischio»: queste le parole della viceministra Jess Phillips.[81]

Invece in Italia, tra ottobre e novembre del 2024, chi è andato al Policlinico di Modena ha trovato all'ingresso volontari e volontarie della campagna "40 giorni per la vita". Persone che, alternandosi tra loro, sono state costantemente presenti all'ingresso dell'ospedale, con cartelli con scritto: "Preghiamo per la fine dell'aborto" e immagini raffiguranti un feto con la frase "Uno di noi".

Le violenze non possono essere legittimate dalle istituzioni: devono essere fermate. All'interno dei consultori, quando andiamo in ospedale per occuparci della nostra salute riproduttiva, abbiamo bisogno di medici e mediche, di professionisti e professioniste competenti e formati, abbiamo bisogno di uno sguardo laico, del sapere medico, scientifico, abbiamo bisogno di maggiori investimenti per riqualificare gli spazi che ci accolgono. Non ci servono e non vogliamo dita puntate contro, persone che si avvicinano con l'aggressività della loro morale, non abbiamo bisogno di qualcuno che ci venga a dire come pensare, come comportarci, perché lo sappiamo già da sole che cosa vogliamo per noi.

Mi auguro che in futuro queste scene verranno

[81] https://www.gov.uk/government/news/protection-zones-around-abortion-clinics-in-place-by-october

considerate assurde, ingiustificabili, così come in tanti e tante le consideriamo già adesso; mi auguro che chi verrà dopo di noi penserà a tutto questo come noi oggi pensiamo al fatto che il matrimonio riparatore sia stato cancellato solo nel 1981, che lo stupro sia stato inserito tra i reati contro la persona, e non contro la moralità pubblica e il buon costume, solo nel 1996; penserà a quanti anni ci sono voluti per liberarci da tutte queste violenze, dai tentativi e dagli strumenti di oppressione e di controllo. Mi auguro che quel futuro non sia poi così lontano, che non saranno i nostri figli e le nostre figlie a fare questi pensieri, mi auguro che saremo noi.

Così come deve arrivare il tempo in cui sarà chiaro, per legge, che i soldi pubblici non possono essere destinati in alcun modo a gruppi dichiaratamente antiscelta, antigenere, antiaborto che minacciano il godimento di diritti essenziali altrui e minano la possibilità che altri e altre vivano una vita in cui il diritto alla salute, al lavoro, all'autodeterminazione, alla felicità non venga negato.

La fiducia nel futuro, a volte, vacilla vedendo fin dove la politica si è spinta negli ultimi anni: lo spettro di Gilead sembra sempre più vicino. Saremo ancora più determinate, non lasceremo spazi, costruiremo strade e reti e lo faremo non solo difendendo ciò che abbiamo, ma alzando l'asticella dei diritti sempre più in alto.

Facciamolo portando avanti un processo di riflessione collettiva, diffusa, condivisa, che coinvolga le istituzioni ricordandone le responsabilità, che possa farci arrivare a una proposta ambiziosa e organica.

Una proposta che punti in alto per ottenere tutto; che chieda alle forze progressiste che esistono nel nostro Paese di impegnarsi a sostenere le istanze emerse, affinché mai nessun governo, presente e futuro, possa mettere in discussione che le nostre vite ci appartengono.

In Francia, il 4 marzo del 2024, una forte alleanza tra gran parte dei movimenti, delle associazioni e dei collettivi insieme alla rappresentanza istituzionale ha portato il Parlamento a inserire il diritto all'aborto nella Costituzione.

Perché non inserirlo anche nella nostra?

Potremmo scolpire nel nostro ordinamento un principio da cui non sarà più possibile tornare indietro, un fondamento con cui tutte le norme riguardanti la salute riproduttiva e sessuale dovranno confrontarsi. Credo che tutti i partiti di sinistra e dell'area progressista debbano cominciare da qui, perché se oggi facciamo ancora i conti con limiti, ostacoli, discriminazioni, violenze e porte sbattute in faccia, è perché in passato si sarebbe dovuto fare di più: non possono più esserci occasioni mancate.

E se qualcuno, leggendo, sta pensando che inserire l'aborto in Costituzione potrebbe essere un traguardo troppo lontano o ambizioso, basterebbe attenersi alle sole considerazioni scientifiche per garantire un diritto fondamentale e la sua reale accessibilità, basterebbe applicare le linee guida pubblicate dall'OMS[82] nel 2022, quelle stesse linee guida che ci dicono che, laddove l'aborto è illegale o incontra più ostacoli, ci sono più aborti e più decessi, con buona pace di chi si ostina a sostenere il contrario; quelle stesse linee guida che ci dicono che l'accesso all'aborto farmacologico va implementato perché è più sicuro; quelle stesse linee guida che ci raccomandano l'utilizzo della telemedicina e la rimozione di barriere politiche non necessarie.

Alla luce di questo, è evidente che la legge 194 andrebbe discussa, poiché contiene e dispone ostacoli che non vanno certo nella direzione indicata dall'OMS. Ho già depositato delle proposte di legge per poter incidere su tali aspetti,[83] ma chiaramente non sarà questo il governo con cui confrontarsi per migliorare la nostra legislazione in fatto di aborto. Questi anni però passeranno, arriveranno altri governi e saranno loro a doverne fare una questione prioritaria e centra-

[82] https://www.who.int/publications/i/item/9789240039483

[83] https://www.camera.it/leg19/126?tab=&leg=19&idDocumento=2064&sede=&tipo=

le. Il potere dei gruppi antiscelta e il loro spazio nelle istituzioni, gli ostacoli che ancora oggi si incontrano per abortire, ci dicono che siamo già in ritardo.

Lo ricordo come se fosse oggi, il momento in cui mi hanno detto che avrei dovuto aspettare una settimana prima di abortire. Mi sembrava assurdo allora e lo trovo assurdo ancora adesso. È assolutamente ingiustificato e paternalistico l'ordine con cui il medico impone alla persona gestante di soprassedere per sette giorni. È insultante, verso chi una scelta l'ha già compiuta, chiedere di riflettere, di assicurarsi di averci pensato bene.

Già durante la discussione della legge 194 (quarantasei anni fa, è bene ricordarlo sempre), Adele Faccio, deputata del Partito radicale, intervenne così: «La cosa più triste e più squallida è questo invito, che viene fatto alla donna, a soprassedere per sette giorni. Anche se non vogliamo considerarlo come una mancanza di fiducia nella capacità della donna e soprattutto come una non conoscenza del fatto che la donna, quando si reca a chiedere di poter abortire nei luoghi a ciò destinati, ha già chiaramente deciso e ben precisamente stabilito perché e per quali motivazioni, per quali dolorose contingenze è costretta ad abortire [...] E data questa mentalità, che voi così pervicacemente volete mantenere, mentalità di segretezza, di colpevolizzazione, di orripilanza del fatto dell'aborto – questa cosa mostruosa, questa cosa brutta, questa cosa orribile, questa cosa rivoltante, questa cosa di cui bisogna vergognarsi, perché insistete, continuate durissimi su questa posizione».[84]

Emma Bonino, anche lei all'epoca deputata radicale, giustamente chiedeva: «Siccome se non accetto comunque non posso andare nelle strutture sanitarie, per chiarezza occorre dire che qui non si invita, ma si obbliga la donna a soprassedere per sette giorni [...] vi sembra però del tutto normale legiferare sul corpo delle donne, forse perché hanno il cervello che pesa meno e vanno tutelate in qualche modo. Ebbene, noi diciamo chiaramente che non vogliamo alcuna legge di tutela né di protezione, perché non è questo il problema».[85]

Nonostante la battaglia parlamentare, però, la legge venne approvata così come la conosciamo, l'obbligo alla riflessione è rimasto e negli anni a venire non è mai stato cancellato: questo è ancora più avvilente.

Un'altra questione da affrontare nella 194 è quella dell'obiezione di coscienza.

Abbiamo già visto i numeri impressionanti dell'Italia e quanto risulti sinceramente insufficiente la questione

[84] https://legislature.camera.it/_dati/leg07/lavori/stenografici/sed0266/sed0266.pdf#page=576&zoom=100,0,0&toolbar=1
[85] *Ibid.*

etica per spiegare la così alta percentuale di obiettori e obiettrici.

Io, in tutta sincerità, credo che chi sceglie di specializzarsi in ginecologia non possa decidere di negare un intervento come l'aborto. L'obiezione di coscienza, per l'interruzione volontaria di gravidanza, non può essere più un'opzione. Perché quell'opzione scarica tutto il suo peso su di noi, ci schiaccia, ci respinge, ci giudica e può metterci anche in pericolo.

Non può essere chi, per sua scelta, ha deciso di preoccuparsi della salute dei nostri apparati riproduttivi a rinunciare a svolgere il proprio ruolo. L'aborto non è una novità, non nasce con la 194: chi decide di diventare ginecologo o ginecologa deve sapere che potrà anche occuparsi di aborto e per questo deve adeguatamente formarsi, perché l'aborto ci riguarda tutti e tutte. Sull'obiezione di coscienza si discusse già molto quando la 194 venne approvata. Anche in questo caso fu Adele Faccio a intervenire con parole oggi più che mai attuali: «Non appare casuale la natura di questo articolo all'interno di questa legge, tutta imperniata sul criterio generale di creare un labirinto di difficoltà per la donna che voglia abortire».[86]

Passiamo all'aborto farmacologico. Ancora oggi, in quasi tutte le regioni d'Italia, eccetto il Lazio e l'Emilia

[86] https://documenti.camera.it/_dati/leg07/lavori/stenografici/sed0266/sed0266.pdf

Romagna, non vengono pienamente applicate le linee guida e di indirizzo emanate dal Ministero nel 2020.

Perché? Probabilmente la motivazione risiede nel fatto che consentendoci di abortire a casa nostra, senza necessità di ricovero ospedaliero, verrebbe meno quel controllo necessario al patriarcato.

Cosa potremmo fare per evitare che le regioni neghino di fatto l'accesso all'aborto farmacologico anche a casa, nonostante una decisione nazionale e le inoppugnabili, solide, basi scientifiche? Così come è stato proposto da alcune associazioni, tra cui ricordo Medici del Mondo, in particolare dal dottor Gianluca Ferrario durante la presentazione del report "Aborto a ostacoli",[87] e dall'Associazione Luca Coscioni[88], una soluzione sarebbe prevedere che il rispetto delle linee guida e di indirizzo del 2020 dia accesso alle forme premiali del riparto delle risorse del Fondo sanitario nazionale e rappresenti un adempimento ai fini della verifica dell'erogazione dei livelli essenziali di assistenza, quelle prestazioni che lo Stato è tenuto a garantire a tutti i cittadini e tutte le cittadine.

Un ulteriore intervento è legato alla trasparenza e all'accesso alle informazioni necessarie per poter abor-

[87] https://www.radioradicale.it/scheda/739158/aborto-a-ostacoli
[88] https://associazionelucacoscioni.it/wp-content/uploads/2022/05/Lettera-aperta-al-Ministro-della-salute-Roberto-Speranza-1.docx.pdf

tire: è necessario un sito multilingue che contenga procedure, numeri da contattare, una mappatura dei luoghi che garantiscano l'IVG (in una sezione dedicata che non ti accolga, come accade oggi sul sito del ministero della Salute, con una foto simbolo della narrazione della colpa e del dolore); un sito che monitori l'obiezione del personale, informi su quali sono i diritti di chi si reca in un consultorio, in ospedale o dal medico di fiducia. Dovrebbe esservi ben specificato cosa non si è obbligate a fare: per esempio, guardare l'ecografia o ascoltare il battito fetale. Dovrebbe contenere una sezione sulla contraccezione in cui, oltre a tutte le informazioni necessarie, si specifichi che nessun farmacista e nessuna farmacista può dichiararsi obiettore o obiettrice negando un contraccettivo d'emergenza. Dovrebbe riportare un numero verde attivo almeno dodici ore al giorno, sempre accessibile in più lingue, per evitare di imbattersi in un "centro per la vita" che si spaccia per consultorio e invece si trova magari in una chiesa.

Fortunatamente, grazie al lavoro collettivo delle tante realtà che si occupano di tutelare il nostro diritto ad abortire, è nata la guida *La tua scelta zero ostacoli*,[89] che contiene tutte le informazioni utili per chi vuole o deve interrompere una gravidanza.

[89] https://www.ivgsenzama.it

Infine, un altro aspetto su cui la legge 194 si esprime e di cui si parla meno, ma che non per questo va considerato meno grave, è l'aborto oltre i novanta giorni.[90]

Articolo 6 della 194:

> L'interruzione volontaria della gravidanza, dopo i primi novanta giorni, può essere praticata:
> a) quando la gravidanza o il parto comportino un grave pericolo per la vita della donna;
> b) quando siano accertati processi patologici, tra cui quelli relativi a rilevanti anomalie o malformazioni del nascituro, che determinino un grave pericolo per la salute fisica o psichica della donna.

Il terzo comma dell'articolo successivo, il 7, dice questo:

> Quando sussiste la possibilità di vita autonoma del feto, l'interruzione della gravidanza può essere praticata solo nel caso di cui alla lettera *a)* dell'articolo 6 e il medico che esegue l'intervento deve adottare ogni misura idonea a salvaguardare la vita del feto.

Quindi l'interruzione di gravidanza dopo i novanta giorni, e in particolare quando sussiste la possibilità di vita autonoma del feto, può essere effettuata solo se

[90] https://www.gazzettaufficiale.it/eli/id/1978/05/22/078U0194/sg

c'è un grave pericolo di vita della donna, non in caso di pericolo per la sua salute fisica o psichica.

Questo ha un impatto enorme sulla vita delle donne stesse e delle persone gestanti. Enorme.

L'aborto, come ricorda sempre la dottoressa Elisabetta Canitano, ginecologa da anni impegnata in difesa dei nostri diritti, può essere anche una cura: non è pensabile che una legge stabilisca che la vita della donna valga meno del battito fetale.

Non intervenire subito e aspettare che la gravidanza o il parto comportino un grave pericolo per la vita della persona gestante può significare, per esempio, lasciare che un'infezione faccia il suo corso fino a ucciderla, mettere in conto che la sua morte sia un rischio possibile, perché l'unica cura che potrebbe salvarla, l'aborto, non può essere somministrata finché non è in grave pericolo di vita. E anche qualora lo fosse, se dovesse incappare in un obiettore, le cose potrebbero complicarsi moltissimo. Non si può certo esaurire in poche righe un argomento come questo, ma credo che vada, senza alcun dubbio di interpretazione, ristabilito un principio: quando parliamo di salute è la scienza il metro per ogni azione, non il giudizio, non la religione, nulla che non abbia a che fare con procedure mediche individuate, appunto, dalla scienza. Quel comma che mette a rischio la vita delle persone gestanti, quel comma che non ha salvato la vita a Valentina Miluzzo, incinta di due gemelli e morta a trentadue anni in seguito a una grave setticemia, non può inasprire e limitare l'accesso alla cura necessaria quando la gravidanza o il parto rappresentano un rischio: va eliminato.

10.
Quale vita?

Pro-vita, aiuto alla vita, sacralità della vita, la vita contro la morte.

Io sarei quindi contro la vita, pro-morte, quando lotto per la libertà di una persona di decidere della propria?

Che sia una persona incinta che non vuole proseguire la gravidanza.

Che sia una persona che non vuole più che la sua vita continui perché la sua esistenza è dolore e sofferenza atroce.

E cosa significa lottare veramente per la vita?

Per me significa lottare per la vita di quei bambini e di quelle bambine che hanno un'aspettativa di vivere in buona salute più bassa in Calabria (54,4 anni) che nella provincia di Bolzano (67,2 anni).

Lottare per un milione e duecentonovantamila

minori che crescono in povertà assoluta, in case non adeguatamente riscaldate, per duecentomila bambini e bambine, che hanno meno di cinque anni, che non possono nemmeno contare su un pasto proteico ogni due giorni.

Lottare per chi non può andare in un asilo nido perché semplicemente non ci sono posti sufficienti. Perché in Campania e Sicilia la copertura è rispettivamente del 13,2 per cento e del 13,9 per cento: in pratica, poco più di un bambino, una bambina, su dieci riesce ad accedere al nido. Più di centomila sono i posti in asili nido tagliati da questo governo nel PNRR e il livello essenziale minimo attualmente indicato per la copertura regionale è del 15 per cento quando prima era al 33 per cento. Insomma, devi fare i figli, ma poi tutto il resto non è un problema dello Stato: lascia il lavoro, resta a casa e campate con un solo stipendio, se potete contare almeno su quello.

Lottare per la vita significa per me portare avanti le istanze di chi è nato e nata in Italia ma, siccome i genitori sono venuti nel nostro Paese attraversando il Mediterraneo su un'imbarcazione precaria, non ha la cittadinanza italiana. E intanto chi discende da persone emigrate decenni fa, che magari non hanno mai messo piede in Italia, può invece considerarsi tale.

Lottare per quelle persone che vogliono essere genitori e donare il loro amore, ma non hanno un partner e si vedono per questo negata la possibilità di adottare o di accedere alla procreazione medicalmente assistita. Quella a cui in troppe ancora non possono ricorrere perché nate in una regione che non offre abbastanza servizi o perché i costi sono troppo alti.

Lottare al fianco della comunità LGBTQIA+, accanto a persone che vengono discriminate solo a causa della loro identità di genere o del loro orientamento sessuale.

Lottare accanto a quelle persone che vorrebbero sposarsi, ma devono invece unirsi civilmente, che vorrebbero poter avere figli, figlie, ma non gli è concesso.

Lottare con le persone trans che non possono godere pienamente del diritto alla salute perché la terapia ormonale sostitutiva non è più a carico dello Stato, perché negli ospedali ancora hanno difficoltà a essere accolte, perché sono tra le persone maggiormente discriminate nel mondo del lavoro e nel diritto allo studio, dal momento che, ad esempio, la carriera alias (ovvero usare il proprio nome d'elezione invece di quello anagrafico) non è obbligatoria.

Lottare perché una persona su quattro, affetta da una patologia cronica, non sia più costretta a rinunciare a una visita medica o a un esame o a indebitarsi per far fronte alle spese mediche in un Paese in cui, almeno sulla carta, abbiamo un servizio sanitario nazionale che si fonda sui principi di universalità, equità e uguaglianza.

Lottare per le persone con disabilità che non ricevono una reale e capillare assistenza scolastica che permetta loro di frequentare la scuola di ogni ordine e grado, che non possono contare su luoghi della salute accessibili, che non possono dare per scontata nemmeno una visita ginecologica perché gli ambulatori accessibili, al momento, in tutto il Paese, sono ancora pochissimi.

Lottare per chi non può contare su una casa dove poter vivere, né su una famiglia per poter continuare a studiare, per chi deve decidere se pagare la rata dell'iscrizione all'università o l'affitto della stanza che nel frattempo è arrivato alle stelle, che non sa dove andare perché il contratto è scaduto e al posto della casa in cui abita ci sarà l'ennesimo b&b.

Lottare affinché i diritti civili e sociali non vengano più distinti in una sorta di gerarchia che vorrebbe vedere gli uni pesare più degli altri, perché i diritti sono diritti e vanno tutti difesi e rivendicati allo stesso modo.

Lottare perché affermare un diritto significhi finalmente avere consapevolezza che a migliorare sono le condizioni di ognuna di noi, anche se quel diritto sembra non riguardarci direttamente: perché vivremmo in una società più giusta, che rispetta davvero ogni vita.

Chi dice di lottare per la vita non vede nulla di tutto

questo? O forse pensa di poter decidere qual è la vita degna di essere difesa, stabilendo un'insopportabile gerarchia e decidendo chi marginalizzare?

Rabbia, indicibile rabbia.

Una rabbia che va canalizzata perché sia motore di una lotta per cambiare il Paese, come vorrei che fosse.

Voglio non essere giudicata, se ho deciso di non avere figli.

Voglio che non mi si chieda più allo scoccare dei trent'anni quando deciderò di fare un figlio.

Voglio congelare i miei ovuli senza dovermi indebitare per farlo.

Voglio che non serva essere madri per essere definite donne.

Voglio presentarmi a un colloquio senza dover pensare a quale risposta sia meglio dare alla domanda: «Hai figli? Vuoi sposarti?».

Voglio che partire sia una scelta, non una costrizione per scappare da una terra che non ti vuole più bene.

Voglio, se ho scelto di essere madre, poter partorire come desidero, senza imposizioni su come farlo, che mi espropino di quel momento. A casa con tutta l'assistenza necessaria, in ospedale, senza vedermi negata l'epidurale, senza che mi si guidi come una cretina sottoponendomi a manovre sconsigliate dall'OMS.

Voglio allattare e lavorare.

Voglio poter non allattare senza che nessuno mi giudichi per questo.

Voglio che ci sia un'assistenza postparto o dopo un'adozione.

Voglio che ci sia un congedo paritario di genitorialità, paritario davvero, nessuna operazione maquillage giusto per dire di averlo fatto.

Voglio che il carico di cura e il carico mentale non riguardino solo me.

Voglio non dover fare i conti per capire se mi conviene mandare mio figlio o mia figlia all'asilo nido o smettere di lavorare.

Voglio non essere lasciata sola dallo Stato se sono una famiglia monogenitoriale.

Voglio poter diventare madre e condividere questa decisione, all'insegna dell'amore e del rispetto reciproco, con la persona gestante che ha liberamente deciso di affrontare questo percorso insieme a me, senza sfruttamento, senza criminalizzazione, senza ingiustificabile discriminazione.

Voglio poter guadagnare quanto i miei colleghi uomini se faccio il loro stesso lavoro e non ottomila euro all'anno in meno.

Voglio un Paese che non sia l'ultimo in Europa per occupazione femminile.

Voglio sfondarlo davvero quel soffitto di cristallo e non facendomi chiamare il presidente, non reclamando superiorità rispetto alle altre donne solo perché riconosciuta da un sistema patriarcale come alleata, non sacrificando i diritti di nessuno e nessuna.

Voglio vivere in un Paese dove la metà della popolazione viene davvero rappresentata nei luoghi decisionali, nelle istituzioni, nel governo, nei consigli d'amministrazione, nei vertici aziendali. Ovunque.

Voglio non dover lavorare il triplo dei miei colleghi uomini, solo per essere considerata come loro.

Voglio che nessuno pensi che io sia stata promossa per la mia vicinanza a un uomo.

Voglio non essere molestata al lavoro perché qualcuno usa la sua posizione di potere e pensa di essere libero di fare ciò che gli aggrada.

Voglio fare carriera, voglio fare il lavoro che mi piace e continuare a farlo anche se ho dei figli.

Voglio non farli i figli, voglio poter abortire liberamente, senza né colpa né giudizio, stare bene.

Voglio che tutto ciò che viene fatto su di me, per me, verso di me, senza il mio consenso, sia considerato violenza.

Voglio che la mia salute sia studiata, tutelata, trattata così come viene fatto con quella degli uomini.

Voglio vestirmi con una gonna, larga, stretta, lunga, corta, con una canottiera scollata o una maglia a collo alto, senza che nessuno mi squadri con sguardo invadente, aggressivo, oppure faccia fischi e commenti molesti.

Voglio non dovervi sorridere per nascondere l'imbarazzo che provo davanti ai complimenti non desiderati degli uomini, alla bava che gli cola dalla bocca. Voglio non dover sentire le loro battute sessiste e misogine, insieme alle loro risate.

Voglio che mi si creda se dico che ho subito violenza.

Voglio poter camminare per strada, correre, ballare, a ogni ora del giorno e della notte.

Voglio vedere manifesti che non pubblicizzino corsi di autodifesa femminile, ma che educhino gli uomini a non commettere più violenza sulle donne.

Voglio che sia naturale considerare violenza non solo uno schiaffo, un pugno, una coltellata, uno sparo, ma anche una parola, una risata, un post, un silenzio, un messaggio, una foto, tutti i "non puoi".

Voglio che sia chiaro una volta per tutte che la violenza maschile sulle donne non è un'emergenza, ma un fenomeno sistemico e strutturale.

Voglio che si insegni l'educazione sessuoaffettiva nelle scuole. Che le vittime di femminicidio vengano ricordate con azioni concrete, non come numeri da contare ogni 25 novembre.

Voglio leggere giornali che non parlino di raptus, uomini troppo innamorati, padri separati disperati e donne da raddrizzare perché hanno smarrito la retta via, ma che parlino di violenza, di criminali, di patriarcato.

Voglio che le mestruazioni, la masturbazione femminile, la menopausa non siano più un tabù.

Voglio che la contraccezione sia per tutti e tutte e che si smetta di dare per scontato che i suoi costi siano alla portata di chiunque.

Voglio che si garantisca a ogni donna, a ogni persona con utero, di potersi assentare dal proprio impiego se il ciclo non consente di lavorare.

Voglio che gli stereotipi di genere non siano imposti tra giochi e contesti educativi, sin dalla nascita.

Voglio che la mia sessualità non debba essere giudicata perché fluida, perché sfacciata, perché sana, perché sono troppo vecchia, perché si trovano sempre mille motivi per condannare le donne e il sesso.

Voglio gli antiabortisti fuori dai consultori. Voglio i dati, voglio gli spazi, voglio gli antidolorifici, voglio gli anticoncezionali, voglio l'aborto farmacologico, voglio il vostro silenzio.

Non voglio le vostre preghiere, le vostre molestie, le vostre obiezioni, i vostri giudizi, le vostre violenze.

Non voglio quella che voi considerate vita.
Pretendo la nostra, di vita.
Libera.
Sempre.

Ringraziamenti

Scrivo oggi ringraziando le tante persone a cui sono profondamente riconoscente perché, come sempre accade, in ogni nostra azione c'è sempre qualcosa che ci è stato donato da altri incontri. E quando quell'azione è politica le relazioni, le persone con cui sai di essere unita in una battaglia più grande, capace di superare tempi e luoghi, diventano particolarmente importanti.

Voglio iniziare allora dalle persone che il 29 ottobre 2024, nella sala conferenze della Camera dei deputati, hanno ribadito che l'aborto è un atto medico, un diritto, non un'opinione. Lo faccio ringraziando singolarmente chi ha preso parola, ma con la volontà di rivolgermi a tutte le persone con cui in quei giorni ci siamo scritte, incontrate, organizzate, confrontate: la dottoressa Tullia Todros di "Più di 194 voci", la dottoressa Angela Spinelli, che per anni è stata impegnata presso l'Istituto Superiore di Sanità, Gabriella Marando del Coordinamento dei consultori delle donne e delle libere soggettività del Lazio, la dottoressa Vaga Bee di Laiga, Elisa Visconti, direttrice di Medici del Mondo, Chiara Lalli, bioeticista, e Mirella Parachini, ginecologa, dell'Associazione Luca Coscioni, Bianca Monteleone di Obiezione Respinta, la dottoressa Marina Toschi della Società europea di contraccezione e salute riproduttiva, Marte Manca, attivista della Rete pro choice-RICA, Leone Orvieto per Non una di meno Roma, Nika Kovac per Myvoicemychoice, Federica di Martino di IVGstobenissimo, nella consapevolezza che è riduttivo ricondurre ogni persona citata a una sola e unica realtà.

E con loro ringrazio le associazioni, i movimenti, le realtà di mutuo aiuto dal basso perché è grazie al loro lavoro quotidiano che molte persone riescono ad accedere all'interruzione volontaria di gravidanza, ed è sempre grazie al loro lavoro che tanti tentativi di attaccare i nostri diritti non hanno mai avuto lo spazio che richiedevano.

A Elisabetta Canitano, a Gabriella Pacini, perché vorrei che il servizio sanitario nazionale somigliasse un po' più a loro.

Di nuovo a Federica di Martino, e alla bella persona che è.

A mia madre, mia zia, mia sorella e mia nonna: non sanno di esserlo, ma nel mondo in cui siamo cresciute, sono le prime femministe che ho conosciuto.

A Gabriele, perché spesso, quando lavoro, pensare a lui mi indica la rotta.

A Francesca Menna, perché ogni volta che guardo il mondo abbracciandone la complessità è sempre presente.

A chi non troverà scritto il proprio nome in questo libro ma sa di esserci stato.

Agli alberelli, alle cornamuse, a tutte le valigie con le ruote.

A Riccardo, perché siamo molto di più che due persone che si sono incontrate: siamo compagni.

A quella scala, a quella stella.

Indice

Stampato nel mese di dicembre 2024 su carta HOLMEN
con fibra vergine proveniente da foreste sostenibili holmen.com/paper
presso Elcograf S.p.A. – Viale De Gasperi 120 – Cles (TN)

Printed in Italy